古代歷史文化 研究輯刊

二十編

王明蓀 主編

第16冊

雲南古代佛教中的婆羅門教因素研究

羅玉文 著

國家圖書館出版品預行編目資料

雲南古代佛教中的婆羅門教因素研究／羅玉文 著 — 初版 —
新北市：花木蘭文化事業有限公司，2018〔民 107〕
目 4+164 面；19×26 公分
（古代歷史文化研究輯刊 二十編；第 16 冊）
ISBN 978-986-485-548-3（精裝）
1. 佛教史 2. 婆羅門教 3. 雲南省
618   107011993

ISBN-978-986-485-548-3

9 789864 855483

古代歷史文化研究輯刊
二十編　第十六冊　　　　　　　　ISBN：978-986-485-548-3

雲南古代佛教中的婆羅門教因素研究

作　　者　羅玉文
主　　編　王明蓀
總 編 輯　杜潔祥
副總編輯　楊嘉樂
編　　輯　許郁翎、王筑　美術編輯　陳逸婷
出　　版　花木蘭文化事業有限公司
發 行 人　高小娟
聯絡地址　235 新北市中和區中安街七二號十三樓
　　　　　電話：02-2923-1455／傳眞：02-2923-1452
網　　址　http://www.huamulan.tw 信箱 hml810518@gmail.com
印　　刷　普羅文化出版廣告事業
初　　版　2018 年 9 月
全書字數　118956 字
定　　價　二十編 25 冊（精裝）台幣 66,000 元

雲南古代佛教中的婆羅門教因素研究

羅玉文　著

作者簡介

羅玉文，男，加拿大籍華人，1950 年生於四川成都，2011 年於成都中醫藥大學獲中醫學碩士學位，2014 年於四川大學道教與宗教文化研究所獲哲學博士學位。

提　　要

　　婆羅門教是印度及東南亞地區最重要的古代宗教之一，雲南作爲漢地與印度、東南亞進行商貿文化往來的重要通道，必然受到這一區域主流宗教的深刻影響。然而目前國內有關雲南古代婆羅門教的研究卻十分稀少，對於雲南宗教中一些獨特的現象，如阿嵯耶觀音、大黑天神信仰、大姚白塔、阿吒力僧等，以往學者大多從佛教密教、東南亞佛教的角度去解釋。不過從目前的研究情況來看，單純從佛教的角度去解釋南詔大理時期的宗教現象存在諸多困難。鑒於雲南與印度及東南亞地區有著密切地緣關係，筆者嘗試從婆羅門教的視角對雲南佛教史進行重新解讀，而且這一視角可以更好的解釋南詔、大理時期佛教中的諸多獨特現象。早在南詔初期，佛教在洱海地區興起以前，婆羅門教可能就已經傳入雲南，並對南詔社會產生了重要影響。到了大理國時期，段氏在大力推崇佛教的同時，也恢復了一部分婆羅門教信仰，之後大理的婆羅門教逐漸佛化，最終成爲白族佛教的一部分。

目次

圖　次

綜　述

　　有歐洲文明之子之稱的德國著名哲學家馬克思・韋伯在談到亞洲歷史上的文化和宗教的存在形態時說：「亞洲世界的文化具有他處所不及的多樣形態，當我們越過表面的觀察來加以回顧時，那麼還有以下這些要說說：「對亞洲整體而言，中國扮演了類似法國在近代歐洲所扮演的角色，所有世情通達的『洗練』莫不是源自中國，再傳佈於日本和中南半島。相反的，印度的意義則可媲美於古代的希臘世界。在亞洲，舉凡超越現實利害的思想，很少能不將其根源追溯到印度的。尤其是，印度的（不管正統或異端的）救贖宗教，在整個亞洲地區扮演了類似於基督教的角色。」〔註1〕的確，源自印度的婆羅門教（印度教），從古至今，它不僅是印度文化與文明的代表，也成爲千百年來印度民族的生活方式，並對他們的人民具有支配性的影響力。而同樣源自印度的佛教卻正如韋伯所言，在兩千年前離開印度傳入中國後，就爲博大的中國儒家、道教文化所改造、包融，再歷經幾個世紀後傳入日本、韓國。正是由於中、日、韓三國龐大的地緣範圍才最終成就了大乘佛教的廣泛傳播與興盛。人們很難設想，本源於印度的佛教如果沒有中國的因素，怎麼能夠成爲與基督教、伊斯蘭教並肩而立的世界三大宗教之一。

　　然而，作爲在古代印度這同一文化地域產生的佛教和婆羅門教，雖然這兩個宗教最終各循其不同的發展趨向，除開宗教間天然的、非此即彼的排他、競爭性關係外，他們之間必然也存在很多共通的東西。他們是否在亞洲宗教板塊中存在一種「你中有我，我中有你」，形成所謂「鑲嵌」或「拼圖式」的

〔註1〕　（德）韋伯著，康樂、簡惠美譯：《印度的宗教——印度教與佛教》，桂林：
　　　　廣西師範大學出版社，2005 年，第 460 頁。

存在關係？如果在亞洲各國的歷史長河中我們還能發現及挖掘出佛教與印度教既競爭又融合的遺緒和例證，同時剖析其異同，這對於我們解開存在於一些國家和地區的佛教宗派，以及某些民間宗教信仰在歷史上所呈現出來的若干特殊現象、特殊儀式儀軌和某些學術爭議等都應該大有裨益。

在韋伯的研究中，他驚奇的發現，婆羅門教（印度教）與佛教在傳播地域方面，具有非常多相似之處，即使在傳統上認定的佛教流傳區域，也可尋覓到印度教的影子。「印度教的僧侶、當然還有佛教的遊方僧，必然很早就以救苦救難者的姿態來到亞洲內陸和北亞。」日本也「發現印度教直接傳入的痕跡」，可惜他並未展開論述，僅僅談到「在至今存在的大宗派中，真言宗是最古老的（建立於公元九世紀）。在這個宗派裏，祈禱文（印度教的曼陀羅）同時是巫術性的咒文」。創立於十三世紀的真宗是「自克里什那崇拜中生長出來的印度的性力宗教信仰相類似」。在亞洲的其他地方，尼泊爾「下層的民眾則視情況而定祈請佛教或婆羅門的教士來當他們的救苦救難聖人，佛陀和濕婆及毗濕奴被三位一體地結合在一起。」的確，在尼泊爾這個國家，上世紀六十年代的憲法都還明確規定：尼泊爾是印度教君主國家，印度教為國教。直到本世紀初的 2006 年才正式廢除印度教為國教的條款，成為世俗國教。今天的尼泊爾，印度教徒仍然占全國人口的 86.5％，佛教徒約 7.8％。其實「印度教國家」這一概念並非是尼泊爾人創立，印度人在二十世紀三四十年代即提出。印度獨立後，印度教大會領導人 M・S・高爾瓦就認為：印度教國家的家園不僅包括現代印度的國土，而且包括巴基斯坦、尼泊爾、緬甸等。當然，這一觀點值得懷疑，但也能看出印度教對這些地區的影響不小。在十二世紀的孟加拉地區：「在恆河西岸，除了八百個正統婆羅門教家庭之外，小乘學派是佔優勢的。在其他地區，上流社會（不論僧俗）是以大乘佛教佔優勢……直到國王——特別是委拉拉.仙納（Vellala Sena）王——插手干涉，此地才由婆羅門正統教派獲取支配地位。」

亞洲的中南半島歷史上也曾「同時領受著來自印度教（婆羅門教）、小乘佛教，以及顯然的，大乘佛教的影響。」〔註2〕「婆羅門教的教養與佛教的教養在相當長的一段時期裏，也比肩存在著。八世紀一塊暹羅的佛教碑文裏提到婆羅門，而十六世紀時的一位君王也還護持『佛教與婆羅門教』，儘管其時

〔註2〕 （德）韋伯著，康樂、簡惠美譯：《印度的宗教——印度教與佛教》，第 364頁。

錫蘭的佛教已經正式地成爲國教。」〔註3〕韋伯注意到一塊記錄十四世紀暹羅國王的大型碑文，其清楚地顯示出這個國王表示自己是吠陀的精通者，渴望因陀羅的天界，但是他也渴求輪迴之終點的涅槃。可以說，對一些區域的信眾來說，佛教與印度教似乎並無太大差別，如上面暹羅的寺廟就是如此：「儘管碑文帶有佛教的性格，土木興築的主要對象卻是印度兩大神祇濕婆神（Seva）與毗濕奴神（Visnu）的雕像與寺院。」〔註4〕

　　然而，令人遺憾的是，馬克思·韋伯雖然認定了中國在亞洲文化及宗教史上的重要地位，但本書中卻基本上未提及婆羅門教（印度教）在中國存在的「痕跡」。不過中國作爲印度的近鄰，早在公元前 221 年秦始皇統一中國，就開闢了四川至雲南的重要通道，史稱「秦開五尺道」。至西漢，中國歷史上最早的國際通道「蜀身毒道」，就是直達印度的。如此看來，中國與印度之間的交往已經有 2000 多年的歷史。然而，印度著名史學家 D·D·高善必卻把中印之間的交往令人驚訝地大大提前了。他在《印度古代文化與文明史綱》中寫道：「當北部正在經歷冰紀的時候，南部和東南部則完全逃離了冰紀，印度東部地區被從雲南和緬甸來的史前人所滲透。這是完全可能的。並且這一遷移行動持續到進入歷史時代。」〔註5〕無論如何，我們從中印學者認識中都能看到，亞洲文明兩個重要源泉的交往是多麼的古老。筆者還注意到高善必在其著作中尤其強調了雲南：「僅僅是印度對人類文化所作的貢獻的這種多元性，還不足以說明印度古代文明的特徵，非洲或者是中國的雲南省也具有這種多樣性。」〔註6〕基於此，筆者認爲，雲南的古代文化由於其特殊的地理位置，必然是中國中原文化與印度文化碰撞，交匯，融合的重要地區。

　　「婆羅門教是印度最重要的古代宗教之一，它是在公元前兩千年形成的吠陀文化的基礎上產生的宗教，大約形成於公元前 7 世紀。婆羅門教以《吠陀》爲經典，信仰多神。婆羅門教主張吠陀天啓、祭祀萬能、婆羅門至上三大綱領，把人分爲婆羅門、刹帝利、吠舍、首陀羅四個種姓，在四個種姓下

〔註3〕　（德）韋伯著，康樂、簡惠美譯：《印度的宗教——印度教與佛教》，第 364
　　　　頁。
〔註4〕　（德）韋伯著，康樂、簡惠美譯：《印度的宗教——印度教與佛教》，第 365
　　　　頁。
〔註5〕　王樹英等譯：北京：商務印書館，1998 年，第 40 頁。
〔註6〕　王樹英等譯：《印度古代文化與文明史綱》，第 40 頁。

面的是『賤民』。」〔註7〕進入公元前 5 世紀左右，佛教與耆那教興盛起來，婆羅門教轉而逐漸衰弱。到公元 4 世紀前後，婆羅門教經過商羯羅的改革之後重新開始興盛，新婆羅門教吸收了佛教、耆那教等教義和民間信仰以後，形成了印度教，但基本教義與婆羅門教並沒有太大區別〔註8〕。婆羅門一直以來都是印度本土的主流宗教，和印度的種姓社會密切結合，所以婆羅門實際上是浸潤於整個印度社會的政治、文化習俗和宗教信仰的綜合信仰形態，即便佛教在印度最興盛的時期，婆羅門教的社會根基與文化影響仍然遠大於佛教。因此，隨著印度與周邊地區的政治、經濟、文化往來，這種紮根於印度社會的宗教信仰也傳播到周邊地區，具有較強的輻射力。

印度雅利安人的後裔很早就到毗鄰的緬甸、泰國、柬埔寨等國家做生意，伴隨著生意往來的開展，印度移民的增加，移民與當地居民通婚，使婆羅門教在這些地區廣泛傳播。印度人還在當地修建婆羅門教廟宇，婆羅門教僧侶到上述東南亞國家傳教，婆羅門教在柬埔寨、緬甸、泰國等東南亞國家便開始傳播開來，對東南亞國家文化的形成起到了重要作用〔註9〕。在柬埔寨、越南等地，歷史上都曾經把婆羅門教奉為國教，甚至在唐宋時期，東南亞的婆羅門教信仰還通過海上通道傳到廣州、泉州等地，至今泉州還存有林伽等遺跡〔註10〕。

從地理位置來看，雲南與緬甸、泰國、越南、柬埔寨等東南亞國家毗鄰，這些國家都曾經盛行婆羅門教信仰，雲南與印度也相去不遠。歷史上的「南方絲綢之路」是中國與東南亞、南亞地區進行貿易往來的重要通道，雲南正位於「南方絲綢之路」的樞紐之上〔註11〕，因此云南與印度及東南亞國家有著頻繁的經濟文化往來，婆羅門教作為這一區域頗具影響力的宗教，必然會隨著商業、政治、文化交流滲透到雲南地區。

以往也有學者注意到雲南的一些歷史文化現象具有婆羅門教的文化元素，如：張錫祿在《大理白族佛教密宗阿吒力教派研究》一書中，根據元明時期碑銘的記載，提出：「明代大理的一些文獻說本地的密宗信仰為『婆羅門

〔註7〕 姜永仁：《婆羅門教、印度教在緬甸的傳播與發展》，《東南亞》2006 年第二期。

〔註8〕 姚衛群：《婆羅門教》，北京：中國社會科學出版社，2011 年，第 16 頁。

〔註9〕 姜永仁：《婆羅門教、印度教在緬甸的傳播與發展》，《東南亞》2006 年第二期。

〔註10〕 段立生：《婆羅門教在中國傳播之新證》，《世界宗教文化》2012 年第六期，第 1～4 頁。

〔註11〕 許少峰：《南詔與東南亞的關係》，《東南亞研究》1988 年第二期，第 41～47 頁。

教』，密僧爲『婆羅門僧』是不足爲奇的。他們是認爲密宗也是密教，而密教是來淵源於婆羅門教的」。「有的白族密僧還自稱爲『婆羅門』種」。〔註12〕薛克翹在《白族民間故事與印度傳說》一文中對比了多則與印度教神話有關的白族民間傳說，認爲「印度教的有關故事早就被佛教吸收利用，並被介紹到中國」「這些白族民間故事與印度傳說之間的確存在著影響與被影響關係」「通過中間環節的分析可見，兩者之間的影響關係是通過佛教傳播而實現的」。〔註13〕李昆聲在《雲南藝術史》一書中介紹楚雄大姚白塔時認爲，白塔是在印度「堵婆」造型的影響下產生的，「堵婆」的特點是方形臺基圓形塔身。但大姚白塔是經過改造後的塔，即非「堵婆」又非「喇嘛塔」，這一改造塔形的主導思想，可能與婆羅門教崇拜的林伽有關。〔註14〕

雖說這些學者已注意到雲南文化中存在某些婆羅門教文化元素，但由於從南詔時期開始，佛教在雲南地區逐漸興盛，成爲雲南地區的主流宗教，因此學者們大多將雲南文化中具有婆羅門教特色的文化元素解釋爲印度文化以佛教爲媒介間接滲透到雲南；另一方面，過去的雲南宗教史研究一直認爲密教是南詔大理時期佛教的主流，將其稱爲「阿吒力教」，或稱其爲「滇密」、「白密」，而密教與印度教有著更爲密切的「親緣關係」，密教在形成和發展過程中曾大量攝取婆羅門的教義、神話、咒語、儀軌和法術等等〔註15〕。因此學界常常將雲南文化中具有婆羅門教特點的東西視爲密教影響的結果。

例如王海濤在《雲南佛教史》一書中介紹雲南的大黑天信仰時，認爲「當印度教與佛教大乘之一派結合而產生密教時，濕婆也隨之移植佛門，改稱大自在天或大黑天神……南詔統一六詔，很大程度上借助了佛教密教的力量，因此南詔各主都特別崇奉觀音、大黑天。」〔註16〕黃心川先生在《中國密教的印度淵源》一文中指出：「密教以高度組織化了的咒術、儀軌和世俗性信仰爲其主要特徵。其形成和發展過程中曾大量攝取吠陀教、婆羅門教——印度教的教義、神話、咒語、儀軌和法術等等，而這些咒術、密法在一定程度上

〔註12〕昆明：雲南民族出版社，1999 年，第 23～25 頁。
〔註13〕薛克翹：《白族民間故事與印度傳說》，見《東方民間文學比較研究》，北京：北京大學出版社，2003 年。
〔註14〕李昆聲：《雲南藝術史》，昆明：雲南教育出版社，2001 年。
〔註15〕張錫祿：《大理白族佛教密宗》，第 23～25 頁。
〔註16〕王海濤：《雲南佛教史》，昆明：雲南美術出版社，2001 年，第 116 頁。

又淵源於古代印度原始居民的生產實踐和日常生活行事，例如：種植、牲畜、醫療行為、占星術、巫術……據以上論述可得知：明代大理的一些文獻說本地的密宗信仰為「婆羅門教」，密僧為「婆羅門僧」是不足為奇的。他們是認為密宗也是密教，而密教是來淵源於婆羅門教的。」〔註17〕然而從侯沖等學者近年來的研究來看，密教在南詔大理時期的影響非常有限，學界所稱的「阿吒力」實為元明時期興起的「應赴僧」，與密教並無關係。〔註18〕筆者對南詔大理時期古本經卷目錄的分析也提出，南詔大理佛教對漢地諸宗諸派的態度是兼收並蓄，古本經卷中華嚴、天台、唯識、禪宗等諸宗經卷皆有涉及，並且數量多於密宗，並未發現密宗具有獨特地位。另外，古本經卷中的密宗經卷，其內容都屬於密宗最早期的「雜密」，與唐代盛行一時的「純密」還有相當大的距離。因此南詔大理時期佛教的主流為密教，這一說法值得懷疑。將雲南文化中的一些婆羅門教現象解釋為密教的影響，這種解釋也就難以經受住推敲。例如很多文獻都將雲南流行的大黑天信仰視為南詔大理佛教為密教的重要證據，但筆者卻發現，雲南興起的大黑天神信仰的時間要早於大黑天神在密教中成為重要神祇的時間，因此云南大黑天神信仰源自於密教的可能性也有一定問題。

　　筆者認為，雲南與南亞、東南亞地區存在毗鄰關係，雲南文化中的某些獨特現象應該從這種地緣關係進行考慮，又由於婆羅門教在南亞與東南亞地區都發生過巨大影響，因此應該研究婆羅門教對雲南地區直接的滲透和影響，而非將其視為以佛教為媒介的間接影響。近年來也有學者提出婆羅門教曾經對南詔政權發生過直接影響，如溫玉成在《〈南詔圖傳〉文字卷考釋》一文中，依據南詔時期具有地方史志性質的《南詔圖傳》展開推測，認為南詔傳說中給細奴羅授記的天竺梵僧有可能是婆羅門教徒而非佛教徒，並留下了婆羅門教濕婆派所崇拜的象徵男性生殖器的「林伽石」。〔註19〕段立生在《婆羅門教在中國傳播之新證》一文中對這一觀點進行了進一步闡述。〔註20〕然而研究婆羅門教對雲南直接影響的文章可謂鳳毛麟角，屬於雲南宗教史研究

〔註17〕見黃心川：《東方佛教論》，北京：中國社會科學出版社，2002年，第38頁。
〔註18〕侯沖：《中國有無滇密的探討》，見《雲南與巴蜀佛教研究論稿》，北京：宗教文化出版社，2006年，第268頁。
〔註19〕溫玉成：《〈南詔圖傳〉文字卷考釋》，見《世界宗教研究》2001年第一期。
〔註20〕段立生：《婆羅門教在中國傳播之新證》，《世界宗教文化》2012年第六期。

的「旁支末流」。不過筆者認爲，如果從婆羅門教的角度重新解讀雲南宗教史，
可能會產生很多喜人的發現。本研究就期望對雲南佛教文化中的婆羅門教元
素進行整理和挖掘，以期引起學界對流傳於雲南的婆羅門教的重視。

第一章　婆羅門概述

　　要研究婆羅門教對雲南的影響，就需對婆羅門教的歷史和主要特點進行必要的介紹。需要說明的是，婆羅門的基本教義和宗教哲學本應屬於婆羅門教的核心部分，但由於這部分內容與本文的研究關係不大，因此只簡單提及。本章主要關心婆羅門教的發展演變歷史，並就與本書相關的幾個問題進行討論。

第一節　婆羅門教發展的主要歷史階段

　　姚衛群教授在《婆羅門教》一書中，將婆羅門教的發展演變過程歸納爲吠陀奧義書時期、史詩時期、經書時期、向印度教轉化時期、印度教時期、近現代時期等幾個主要歷史階段〔註1〕。婆羅門教的歷史可追溯到公元前十六世紀，這一時期正是雅利安民族侵入印度的時候，也正是這個時候，印度文明也逐漸開啓了。在早期，原始部落中對自然神的崇拜及歌頌，以及彙集成的聖典等等，都成爲婆羅門教產生的源頭。到了公元前 1700 年～公元前 800 年，這一時期被稱爲婆羅門教的「吠陀時期」，這一時期的信仰特徵是，人們逐漸減少了對神的種類的劃分，轉而將視角放在更爲重要的「主神」身上，也正是這個時期，婆羅門教的主神信仰逐漸形成。婆羅門教的「吠陀」文獻在這一時期形成，吠陀文獻主要是關於神的頌歌、禱文、祭祀、咒語等的彙集。吠陀中大量內容是對神的崇拜，後來婆羅門教或印度教中受到廣泛崇拜的神祇，很多都可以在吠陀文獻中找到源頭。

〔註 1〕 姚衛群：《婆羅門教》，第 6 頁。

　　公元前九世紀到公元前六世紀被稱爲婆羅門教的「奧義書時期」（也即吠陀後期至佛教產生前期），這一時期形成了數量眾多、內容豐富的「奧義書」文獻系統，奧義書與吠陀的主要區別在於：吠陀的大量內容是對神的崇拜，思辨和理論性的成分很少，而婆羅門教在理論、哲學上的核心部分主要來自於奧義書，印度後來的幾個主要婆羅門哲學流派（六派哲學）的基本思想也大多來自於奧義書。

　　公元前六世紀到公元前二世紀被稱爲婆羅門教的「史詩時期」，因爲古代印度著名的兩部長篇敘事史詩《摩訶婆羅多》和《羅摩衍那》大致在這一時期逐漸成形。《摩訶婆羅多》講述了大量印度古代神話，並涉及了很多婆羅門教的宗教信仰、倫理等方面的內容，尤其《摩訶婆羅多》中的一部分《薄伽梵歌》大量闡述了婆羅門教的基本義理，因此在婆羅門教文獻中佔有重要地位。《羅摩衍那》則沒有大量宗教哲學方面的說教，但其中一些人物成爲後來婆羅門教中的重要神祇，有許多教徒崇拜〔註2〕。這一時期反對婆羅門教的沙門思潮興起，其中影響力最大的是佛教、耆那教和順世論。雖說婆羅門教受到前所未有的挑戰，但並沒有喪失其在思想界的主導地位，印度社會的上層人物仍然把婆羅門教作爲最主要的思想體系，婆羅門教在社會各階層中依然有著廣泛和持久的影響力。

　　公元前二世紀到公元四世紀稱爲婆羅門教的「經書時期」，這一時期，婆羅門教在與佛教等宗教的競爭、交流過程中，對自身先前的理論、學說進行了系統整理，產生了在後來印度思想史上占主導地位的婆羅門教的六個主要派別，並形成了一系列闡述各自學說的「經書」（根本經典）。這一時期還形成了依據婆羅門教義理制定的「法典」，確立了婆羅門教和後來印度教的許多宗教職責與義務、政治準則、倫理觀念和社會行爲規範等等，其中《摩奴法典》最爲著名，這些法典對印度社會的深遠影響一直延續到今日，並對東南亞地區也有重要影響。除了「法典」文獻外，彙集了大量古印度神話傳說的「往世書」文獻也在這一時期開始形成，「往世書」對婆羅門教——印度教的主要貢獻是它對「神」進行了更爲新穎和細緻的描述，尤其是後來印度教中最爲重要的「三大主神」（梵天、毗濕奴、濕婆）的地位，在「往世書」文獻中被明顯的突顯出來〔註3〕。

〔註2〕姚衛群：《婆羅門教》，第6～8頁。
〔註3〕姚衛群：《婆羅門教》，第10～12頁。

之後,婆羅門教各派的追隨者在「經書」基礎上對婆羅門教的義理進行了更加深入的闡發,與此同時,婆羅門教大量吸收了印度其他宗教(如佛教等)和民間信仰之中的信仰崇拜及宗教實踐方面的內容,使婆羅門教的宗教形式逐步發生轉變,例如婆羅門教初無寺廟,公元一世紀左右才逐漸出現了正式的廟宇,但印度教自建立起,崇拜三大神的寺廟在全印度相繼建立來,印度教的重大祭祀活動便在寺廟舉行,到了公元八世紀左右,經過商羯羅的改革,印度教出現了修道僧團,並建立了印度教的寺院制度。

商羯羅等人對婆羅門教的核心思想作了新的闡釋和全面系統的闡述,為婆羅門教向印度教的轉變奠定了堅實的理論基礎。公元九世紀以後,婆羅門教經過理論上的改造與完善,以及大量吸收其他信仰的偶像崇拜和他宗教派別的宗教實踐成分後,發展成為印度教。印度教依然以婆羅門教先前的一些基本學說為教義的核心,因此印度教也被稱為「新婆羅門教」,或者說婆羅門教和印度教是同一宗教在不同發展時期的不同稱謂〔註4〕。

值得一提的是,印度教形成後,主要分為三個流派,即毗濕奴派、濕婆派和性力派,毗濕奴派、濕婆派分別突出了對毗濕奴和濕婆的崇拜。性力派則強調對幾個重要神祇的配偶的崇拜,如濕婆的配偶難近母和烏摩妃、毗濕奴的配偶吉祥天女、梵天的配偶辯才天女、黑天的配偶羅陀等,性力派起源於印度十分古老的女神崇拜和生殖崇拜傳統,把世間一切事物的創造歸因於女神的生殖力,並認為人要獲得解脫,必須依靠兩性結合所產生的力量〔註5〕。到了十二世紀,伊斯蘭教勢力大規模入侵印度,使得印度教和佛教都遭受嚴重打擊,佛教自此在印度衰敗乃至消失,印度教卻依然保持著相當大的影響力,並與伊斯蘭教的思想有所交融。

第二節 婆羅門教的三大主神

對神的崇拜是婆羅門教最重要的內容,在不同歷史時期,婆羅門教神祇崇拜的內容並不相同。在吠陀文獻中,地上的山河樹木,空中的風雨雷電,天上的日月星辰,都被神化、人格化而加以崇拜。這些神祇的地位也各不相同,如雷神因陀羅在這一時期是最受重視的神祇。隨著婆羅門教文獻系統越

〔註4〕巴沙姆:《印度文化史》,北京:商務印書館,1997年,第86～122頁。
〔註5〕姚衛群:《婆羅門教》,第80～82頁。

來越豐富，可以看到神祇的數量也越來越多，如史詩《摩訶婆羅多》和《羅摩衍那》中出現的神話人物，也成爲了人們崇拜的重要內容。到了《往世書》時期，梵天、毗濕奴和濕婆這三位神祇的地位被明顯突出出來，逐漸形成了印度教以三大主神爲核心的多神崇拜格局。印度教認爲，梵天、毗濕奴和濕婆三大主神是三位一體的，梵天被認爲是主管創造世界之神；毗濕奴是主管維護世界之神；濕婆是主管破壞世界之神，他們分別代表宇宙的創造、保全、毀滅三個方面〔註6〕。

梵天是創造之神，世界萬物都是他創造的，但印度崇拜梵天的人相對於另外兩個主神明顯要少得多，因此在三大神中的地位並不高，印度4000多座印度教寺廟只有一座是供奉他的。毗濕奴在婆羅門教中被認爲是保護之神，他通常懲惡揚善、大慈大悲，當世界要被惡魔毀壞時，他就以某種化身的形態出來救世。毗濕奴救世時的化身很多，其中最廣爲傳頌的有十個，分別是：魚、龜、野豬、人獅、侏儒、持斧羅摩、羅摩、黑天、佛陀和迦爾吉，每一個化身都對應著一個毗濕奴拯救世界的故事。毗濕奴最爲常見的形象爲藍色皮膚，擁有四支手臂，坐在蓮花之上。四支手臂分別拿著不同的神器：金環、法螺、花以及神杵。另一常見的形象，則是毗濕奴躺在千頭巨蛇之上，從肚臍生出的蓮花創造梵天，而吉祥天女則隨侍在身邊。全印度目前供奉毗濕奴的寺院有1000餘座。

濕婆是戰爭毀滅之神、苦行之神和舞蹈之神，代表著生與死、變化、衰亡和再生的力量。他通常隱藏在陰暗無光、充滿災難的地方，戰爭、瘟疫、饑荒以及其他自然災害都在他的控制之下。〔註7〕印度教認爲，破壞之後必然要創造，濕婆額上第三隻眼的神火能燒毀一切，而毀滅之後還有再生的能力。在印度教的寺廟裏，濕婆的崇拜最多，全印度有3000多座廟宇供奉他或他的妻子，專門崇拜他妻子的稱爲性力派。濕婆的形象十分複雜，表示生殖能力的男性生殖器「林伽」被認爲是濕婆的象徵，受到教徒的崇拜，印度全國各地濕婆廟宇和家宅濕婆神龕主要供奉林伽，很少膜拜人形濕婆像。〔註8〕

〔註6〕 姚衛群：《婆羅門教》，第75～82頁。
〔註7〕 楊欽章：《對泉州濕婆雕像的探討》，《南亞研究》1984年第一期。
〔註8〕 姚衛群：《婆羅門教》，第80～82頁。

第三節　婆羅門教的種性制度與三大綱領

婆羅門教的基本綱領，與印度古老的種姓制度密不可分。

從吠陀時期開始，印度社會就形成了等級森嚴的「種姓制度」，「種姓制度」對印度社會的影響極為深刻，一直延續到今日。在種姓制度中，人群被劃分為以職業為基礎的四個等級：

第一等級婆羅門主要是僧侶貴族，他們的權力主要集中在宗教方面，如可以學習和解釋經典，更重要的是，他們具有祭神的「先天權力」，他們是一切知識的壟斷者，只有他們可以學習吠陀經典和進行祭祀活動。

第二等級剎帝利是國家的實際統治者，他們是各種貴族，掌握著軍事權力，也擁有財富的特權。

第三等級吠舍是自由平民階層。他們在政治上沒有特權，必須以布施和納稅的形式來供養前兩個等級。

第四等級首陀羅地位最低，從事被認為低賤的職業。

事實上在「首陀羅」之下，還有一個被稱為「旃陀羅」的「賤民」階層，更加遭受歧視與壓迫。

種姓制度影響著印度社會生活的方方面面，大到事業、婚姻，小到日常起居。種姓制度對各種姓可以從事的職業有著明確的規定，歷史上種姓就是一種世襲的職業集團，一個或數個種姓的聯合，往往控制著一個社區特定的職業，放棄自己種姓的職業去尋求另外的工作一般被認為是不正當的。傳統印度教認為，種姓混雜是一種嚴重的罪惡，違背規定同別的種姓通婚的人，要受到包括開除出種姓在內的嚴厲懲罰。在種姓制度下，高種姓男子娶低種姓女子為妻的「順婚」是被允許的，而高種姓的女子下嫁給低種姓男子的「逆婚」則被認為不可饒恕。按種姓制度的要求，各種姓之間要分別而居，不得混雜。賤民的居所則更是被要求遠離其他種姓居住的村落和社區，賤民和其低種姓的人也不得進入婆羅門和其他潔淨種姓的住區。在飲食上，傳統的婆羅門教徒一般不接受較自己低下的種姓烹調的食物〔註9〕。歷史上，婆羅門教對於鞏固和強化種姓制度有著決定性作用，婆羅門教理論認為這種等級制度是符合自然秩序和人的需要的，是世間事物的根基，例如吠陀中有一首著名的被稱為「原人歌」的讚歌，認為「原人」是萬物的根源，歌中說道：「婆羅

〔註 9〕 姚衛群：《吠陀奧義書中確立的婆羅門教的基礎觀念》，《南亞研究》2004 第一期，第 45～51 頁。

門是他（原人）的嘴，他的雙臂成爲刹帝利，他的兩腿是吠舍，他的兩足生出首陀羅」。〔註10〕

　　婆羅門教對每個種姓的行爲準則、生活方式、應盡的義務等都有明確規定，這種規定集中體現在婆羅門教的「法典」文獻中，其中最重要的就是著名的《摩奴法典》。法典中的「法」具有一定的司法、法律意義，對偷盜、搶劫等行爲應當受到的懲罰有所規定，但也不同於現代意義上的「法律」，「法」的內容中包含了對各個種姓的義務、日常行爲準則、禮儀規範的極爲繁瑣的規定，因此可以理解爲一種法律與禮儀規範、道德規範的綜合體。而法典的內容，也完全建立在婆羅門教的教義之上，是對早期婆羅門教有關種姓行爲規定的系統化整理。《摩奴法典》中就說：「法的根是全部的吠陀」「摩奴爲任何人規定的任何法，全都是吠陀中的教示」。婆羅門教的善惡觀念，也與種姓制度密切相關，遵守種姓義務被視爲重要的美德，違背種姓義務則是大逆不道的惡行〔註11〕。

　　婆羅門教的主要教義被後人概況爲「三大綱領」：吠陀天啓、祭祀萬能、婆羅門至上，事實上這「三大綱領」都與維護婆羅門在種姓制度中的至高地位有關，下面分別介紹如下：

　　1. 吠陀天啓：婆羅門教認爲，《吠陀》文獻是由古代聖人受神的啓示而誦出的，是神聖而不容懷疑的知識，婆羅門教的教義、社會規範都源自於這些神聖的啓示，而在婆羅門教中，只有婆羅門可以學習吠陀經典。

　　2. 祭祀萬能：煩瑣的祭祀是婆羅門教非常重要的活動，吠陀文獻對祭祀的意義、讚歌、咒術、儀軌、祭官等都作了系統的規定與說明，後來的文獻又進一步作了發揮並附以煩瑣的注解。婆羅門教認爲祭祀不僅可以使人與神溝通，而且有支配萬物的法力，如婆羅門教認爲，爲君王進行的「馬祭」可使國王成爲王中之王，進行百次「馬祭」的君王便可成爲世界和眾神的主宰。祭祀大致可分爲家庭祭、天啓祭兩類。家庭祭在家庭中進行，以家庭事務爲主，如受胎、出生、從師學習、結婚等都要進行祭祀，也包括對祖先和亡人的祭祀。天啓祭則包括祈求農業豐收、祈求牲畜順利繁殖、祈雨、祈求國家強盛等等，涉及的內容十分龐雜。吠陀文獻中，除了認爲祭祀可以給自己帶來好處之外，也認爲咒法具有巨大威力，咒法成爲婆羅門教中消災祈福的重

〔註10〕姚衛群：《婆羅門教》，第 57 頁。
〔註11〕邱永輝：《印度教社會中的婆羅門》，《南亞研究》1994 年第四期，第 30 頁。

要工具。而這些重大的祭祀活動，必須由婆羅門祭司來主持完成〔註12〕。

3. 婆羅門至上：婆羅門是「吠陀」的掌握和傳承者，履行著「祭祀萬能」的神聖職權。婆羅門在種姓制度中處於最高等級，其他種姓的人都應該尊敬、服從婆羅門，這種最高地位可以世代保持、永遠不變〔註13〕。

從前面的討論可以看到，以種姓制度爲核心的婆羅門教，對印度社會生活的方方面面都發生著深刻影響，而婆羅門「法典」對社會行爲的煩瑣規範，並非孤立存在，而是有一套系統的婆羅門教哲學、神學體系爲支撐，婆羅門教的抽象義理，往往又通過對神的崇拜，以及大量神話傳說展現出來，從而可以深入到人們的思想並融入人們的日常行爲中。因此種姓制度、婆羅門教哲學、對神的崇拜及神話傳說，這些要素相互交融、相互支撐，浸潤在整個印度社會的政治、文化、藝術、風俗等方方面面，因此常有人評論說：印度教不僅僅是一種宗教，更是印度人的一種生活方式。

由於婆羅門教與印度文化融爲了一體，融入到印度人的日常生活，於是當我們討論婆羅門教對外傳播的問題時，事實上無法區分究竟是印度的風俗習慣、文化藝術、政治觀念的對外傳播，還是神祇崇拜、宗教觀念的對外傳播。當周邊地區與印度發生商貿、文化的交流，或者信奉婆羅門教的教徒移居到其他地區，婆羅門教的神話傳說、思想觀念乃至於婆羅門教的種姓制度，都有可能隨之傳播到其他地區去〔註14〕。

從歷史上婆羅門教對外傳播的情況來看，不同國家對婆羅門教吸納的程度各有不同，例如占城國（今越南南部）曾經全盤吸納了婆羅門教的思想觀念，將婆羅門教奉爲國教，並建立起嚴格的種姓制度。有的國家雖然沒有把婆羅門教作爲國教，但採用了印度的政治制度，例如泰國在 20 世紀以前，一直都採用以《摩奴法典》爲基礎的法律體系。有的國家深受婆羅門教神祇崇拜、神話傳說的影響，因此婆羅門教雖不是國教，但依然有著重要的象徵意義，歷史上有些以佛教爲主流宗教的國家，其國王仍然常常自詡爲毗濕奴、濕婆或因陀羅的化身，人們還是把婆羅門作爲「天」「神」與人的溝通者，許

〔註12〕　姚衛群：《婆羅門教》，第 3 頁。

〔註13〕　姚衛群：《吠陀奧義書中確立的婆羅門教的基礎觀念》，《南亞研究》2004 年第四期，第 45～51 頁。

〔註14〕　參考楊必儀：《印度教的特點及其對印度文化的影響》，《青海師專學報》2005年第五期，第 45～49 頁。丁云：《印度教文化對現代印度社會的影響》，《當代世界》2006 年第六期，第 41～43 頁。

多重要的儀式要由婆羅門來主持，如泰國王室至今都保留著由婆羅門主持加冕慶典等重大儀式的傳統。還有一些國家，如緬甸、老撾等地，對婆羅門教的吸納程度相對較低，但在其文學、建築、藝術，乃至日常生活之中，時時可以看到婆羅門教的蹤影。〔註15〕

　　因此婆羅門教對周邊地區的傳播和滲透是多層次、多方位的，甚至只要與印度有各種形式的交流，就會或多或少受到婆羅門教影響。從這個角度看，與印度鄰近，並且早期與印度有著頻繁商貿文化往來的雲南地區，就不可避免地要受到婆羅門教的影響。

〔註15〕王士錄：《婆羅門教在古代東南亞的傳播》，《東南亞》1988 年第一期，第 21
　　　　～27 頁。

第二章　婆羅門教的對外傳播

　　在人們印象中，婆羅門教是地方色彩十分濃厚的印度本土宗教，而不像佛教那樣是一個世界性宗教。然而考察印度周邊國家的歷史，會發現婆羅門教與佛教一樣，曾經對周邊地區產生過深刻影響，許多東南亞國家都曾經把婆羅門教奉為國教，甚至婆羅門教的法典體系對部分東南亞國家的法律體系都有重要影響，婆羅門教也曾伴隨佛教進入中國，在很多中國古代文獻和歷史文物中都能夠找到婆羅門教徒活動的痕跡。對婆羅門教傳播能力的誤判，有可能會使雲南宗教史的研究忽視婆羅門教的影響。筆者在這一章中整理了二十餘篇介紹印度周邊地區婆羅門教狀況的文獻，以期呈現出婆羅門教對外傳播的大致情況，以及婆羅門教在印度以外地區的存在形態，以便後面的討論中與雲南婆羅門教文化進行比對。

第一節　東南亞國家的婆羅門教

　　在公元前，印度與東南亞已有緊密的商業聯繫，印度人對東南亞區域已具備了較多的認識，在《羅摩衍那》中便出現了東南亞的地名。據斯里蘭卡《大史》的記載，阿育王為傳播佛教，在公元前三世紀曾派遣出一批僧侶，其中有兩位長老至東南亞。印度人很早就開闢了印度與東南亞之間的海上貿易通道，他們的船隊把東南亞的胡椒、丁香、豆蔻、肉桂、安息香等香料運到印度，然後再向西販運。公元前後的一些印度文獻，如《本生經》、《往世書》等都記載著印度商人到東南亞進行商業活動的情況。公元前後，還出現過幾次印度人大規模移民東南亞的浪潮，有學者認為，東

南亞幾個早期的婆羅門教國家，如爪哇、扶南等，便是由印度移民建立。〔註1〕也有學者認為這些早期東南亞婆羅門教國家是在發達的印度文化的影響下，以和平的方式引進了婆羅門教，如霍爾在《東南亞史》中所言：「婆羅門教在東南亞的傳播多半是野心的統治者渴望模倣印度朝廷更堂皇的風格，雇用婆羅門教徒，依照印度教經典作品的觀念和禮儀，把統治者奉為『神王』，而向他獻祭」。〔註2〕

　　源自於婆羅門教的「神王」傳統，對古代東南亞國家的影響十分深刻，君王通常被認為是毗濕奴、濕婆或因陀羅的化身，因此君王及其家族具有的權力是神聖、至高無上而無可替代的。這種傳統幾乎遍及古代東南亞各個國家，甚至延續到當代。古代東南亞的君王們為了強化「神王」思想，建立了大量祭祀用的神殿、廟宇，在國家政治制度中普遍採用了婆羅門教的典禮儀式，婆羅門祭司在東南亞各國宮廷中一直保持著較高地位——即便在佛教傳統的國家也是如此。〔註3〕

　　婆羅門教還給東南亞帶來了印度式的社會制度和具有濃厚婆羅門教色彩的法律體系，東南亞國家的文字、語言、文學、藝術、民俗傳統，也無不深受婆羅門教文化的影響，例如取材於《羅摩衍那》和《摩訶婆羅多》的神話故事在東南亞地區廣為流傳；即便歷史上婆羅門教並不盛行的地方，出生、結婚和死亡等重大場合舉行的儀式中，也常有著濃重婆羅門教色彩，因陀羅、毗濕奴、濕婆等神祇的名字常在各種儀式的禱文中出現。〔註4〕

　　雖說中國深受印度佛教文化影響，但中國與印度大規模的文化與經濟往來，婆羅門教必然會隨之進入中國。從古代文獻來看，印度的醫藥、天文曆算、命相占卜等技藝對中國曾有一定影響，婆羅門教徒應當是傳入這些技藝的主體。也有婆羅門教徒專程進入中國宣揚婆羅門教，並有人師從婆羅門學習婆羅門的知識；從佛教文獻中也可以看出，古代的佛教譯經工作曾有一定

〔註1〕　可參考王士錄：《婆羅門教在古代東南亞的傳播》，《東南亞》1988年第一期，第21～27頁。胡西元：《試論印度文化對柬埔寨文化的影響》，《河南教育學院學報》1998年第二期，第62～66頁。

〔註2〕　霍爾：《東南亞史》：北京：商務印書館，1982年，第39～40頁。

〔註3〕　古正美：《東南亞的「天王傳統」與後趙時代的「天王傳統」》，《佛學研究》1998年。

〔註4〕　王士錄：《婆羅門教在古代東南亞的傳播》，《東南亞》1988年第一期，第21～27頁。

數量的婆羅門參與；由於對婆羅門教文化相對比較陌生，古代的史籍、野史小說中，有不少關於婆羅門僧怪異行為的記載，但這也說明婆羅門教徒在中國的活動較為頻繁。中國還出現過一定規模的印度移民，因此在印度人聚居的地方，還出現了婆羅門教的廟宇、雕刻、林伽石等等。〔註5〕

一、柬埔寨

　　柬埔寨是東南亞受婆羅門教影響最深的地區。柬埔寨在公元 1 世紀時即已建國，漢時稱「扶南」，隋及唐初稱「真臘」，中唐時稱「吉蔑」，元時稱「吉學智」（或甘孛智），明代萬曆以後稱「柬埔寨」。公元十四世紀以前，婆羅門教在柬埔寨十分興盛，但婆羅門教最早傳入柬埔寨的時間尚無定論。有的學者認為，婆羅門教傳入的時間應當在 5 世紀以前和佛教同時傳入，有學者認為公元 1 世紀扶南的建國者混填是來自印度的婆羅門，所以婆羅門教應當在公元 1 世紀就已傳入並受到重視〔註6〕。「從《晉書》及《梁書》的記載，法國著名漢學家伯希和作《扶南考》，推定混填至扶南的時代，最晚不會遲於公元 1 世紀。伯希和斷定混填一名是梵文憍陳如（Kaundinya）的對音，此名出於印度婆羅門種姓……混填至扶南為王，是為印度統東南亞及其文化影響最深遠之事。」〔註7〕

　　約公元 4 世紀末，有一印度婆羅門，名憍陳如二世，假託神語「應王扶南」，大量使用印度的法律和行政制度，印度文化大規模向扶南傳播，婆羅門教成為了柬埔寨國教。跋摩王朝時期，統治者是印度人或其後裔。據相關學者的考證：「公元五世紀下半葉，橋陳如在位期間，『復改制度，用天竺法』，大量使用印度的法律和行政制度，印度文化大規模向扶南傳播。婆羅門教因而興盛並廣泛傳播於民間。『俗事天神，天神以銅為像，二面者四手，四面者八手，手各有所持，或小兒，或鳥獸，或日月。』這裡的『天神』，據《東南亞史》一書作者霍爾所言，『顯然是指崇拜訶里訶羅。』訶里訶羅是婆羅門教中濕婆神與毗濕奴神的結合體。公元 484 年，扶南國王僑陳如闍耶跋摩派遣

〔註5〕嚴耀中：《唐代的婆羅門僧和婆羅門教》，《史林》2009 年第三期，第 21～25 頁。

〔註6〕王士錄：《婆羅門教在古代東南亞的傳播》，《東南亞》1988 年第一期，第 21～27 頁。

〔註7〕淨海：《南傳佛教史》，北京：宗教文化出版社，2002 年，第 258 頁。

天竺僧人那伽仙訪問中國，在其上表中說：『其國俗事摩醯首羅天神，神常降於摩耽山。』摩醯首羅就是婆羅門教三位一體神中的大自在天王。可見扶南王國在六世紀以前就普遍信奉婆羅門教的三種神。」〔註8〕

公元六世紀以後，婆羅門教在民間更爲流行，信奉婆羅門教的人更多，《北史》卷九十五《眞臘傳》載其國：「近都有陵伽缽婆山，上有神祠，每以兵二千人守衛之；城東有神名婆多利，祭用人肉，其王年別殺人，以夜祀禱，亦有守衛者千人，其敬鬼如此。多奉佛法，尤信道士，佛及道士並立像於館。」〔註9〕此處所言『陵伽缽婆』意爲「性器之山」，在今日老撾南端湄公河西岸，山名占巴索（Cham Pasak），山頂上有一天然巨石，形似祭奉之林伽。眞臘最初的都城，即建於此山麓。婆多利當爲 Bhadresvara 之音譯簡稱，指濕婆神的塑像。」〔註10〕文中所言「道」即指婆羅門教，「道士」當指信奉婆羅門教義的苦行者。《舊唐書》卷一百九十七《眞臘傳》載：「國尙佛道及天神，天神爲大，佛道次之。」〔註11〕這裡的「天神」指婆羅門教的神祇，可見婆羅門教當時在柬埔寨的影響力要大於佛教。6～7 世紀，進入印度教階段的婆羅門教傳播到柬埔寨，主要的仍是崇拜毗濕奴及濕婆神。但柬埔寨人對傳入的印度教進行了某些改革，毗濕奴與濕婆的混合神訶里訶羅神受到更多重視。這一時期的碑銘及門柱的刻文大量記述了宗教的情形。從碑銘資料來看這一時期主要宗教是婆羅門教，爲訶利訶羅混合的信仰。濕婆的信仰中，常以石雕的男性生殖器爲崇拜的主要對象。〔註12〕

在 6～9 世紀，印度教在柬埔寨處於明顯的優勢地位。但到 9 世紀後期，一度衰落的佛教勢力重又增加，柬埔寨的王子從佛教在東南亞的中心爪哇帶回來了許多佛教徒。他復國後，建立了兩個都城，首先建立的是 Hariharcloya，該城名和訶里訶羅神有聯繫，接著他又建立了 Amor endapura，該城是佛教中心，主要崇拜觀世音。兩個都城的並存說明兩種宗教的並存。直到 14 世紀，柬埔寨的宗教情況比較複雜，婆羅門教、佛教勢力相互交替發展。但無哪一種宗教受到明顯的排擠。在柬埔寨北部吳哥附近發現的梵文碑銘均提及婆羅

〔註 8〕 羅桂友：《柬埔寨宗教的演變》，《印度支那》1987 年第四期，第 58 頁。

〔註 9〕 （唐）李延壽：中華書局標點本，第 3163～3164 頁。

〔註 10〕 淨海：《南傳佛教史》，第 269 頁。

〔註 11〕 （後晉）劉昫：中華書局標點本，第 5272 頁。

〔註 12〕 參考胡西元：《試論印度文化對柬埔寨文化的影響》（《河南教育學院學報（哲學社會科學版）》1998 年第二期）及淨海《南傳佛教史》之《柬埔寨佛教史》。

門寺院與佛教寺院的建立。蘇利耶跋摩二世皈依佛教後，也扶植印度教，在吳哥寺建了一尊毗濕奴金像。吳哥寺反映了柬埔寨宗教的複雜情況，在寺廟中有時同時供奉佛教及濕婆教諸神。〔註13〕

《眞臘風土記》也記載柬埔寨有三種宗教人士：「爲儒者呼爲班詰；爲僧者呼爲苧姑；爲道者呼爲八思惟。班詰……於項上掛白線一條，以此別其爲儒耳……苧姑削髮穿黃，偏袒右肩，其下則繫黃布裙，跣足。」〔註14〕學者們研究後認爲這三種人分別是婆羅門博士，佛教道人及印度教的一個門類。這一時期，大乘佛教一度成爲占統治地位的宗教，巴容寺就是大乘佛教的中心。周達觀到達柬埔寨之時，顯然婆羅門教已開始衰落，佛教已佔據主導地位，「道教者亦不如僧教之盛耳。所供無別像，但止一塊石」，對於佛教而言已出現「俗之小兒入學者，皆先就僧家教習，暨長而還俗」「家家皆修佛事」之盛況〔註15〕。「這一時期小乘佛教也開始在柬埔寨興起，並改變了眾多宗教平分秋色的局面，小乘佛教逐步佔據了主導地位，這種情況一直持續到當代。」〔註16〕

婆羅門教對古代柬埔寨的政治有深刻影響。闍耶跋摩二世是柬埔寨歷史上一位重要君王，他於公元七世紀後葉將爪哇王朝的勢力逐出眞臘，使眞臘脫離了爪哇屬國的關係並統一全國。他在古連山頂上建造神殿，奉祭林伽，以象徵王權。闍耶跋摩二世死後，諡號「最高的君王」（Paramevara），此名爲濕婆神尊稱之一，柬埔寨「王即神」（Devaraja）的崇拜自此王開始。〔註17〕蘇利耶跋摩二世（公元 1113～1150）統治之時，是柬埔寨文明達到最隆盛時期之一。他在位期間建成了安哥寺。「後來又經過三百多年不斷的增建，成爲柬埔寨藝術最高的成就。寺中不供陵伽，而是安置毗濕奴神像，象徵神王。他逝世後，安哥寺成爲他葬身的靈廟。」〔註18〕

婆羅門僧侶在柬埔寨宮廷之中顯然有著十分重要的地位，例如闍耶跋摩二世之時，爲解除爪哇王朝精神的束縛，他曾招請一位婆羅門僧侶希蘭耶陀

〔註13〕 胡西元：《試論印度文化對柬埔寨文化的影響》，《河南教育學院學報（哲學社會科學版）》1998 年第二期。
〔註14〕 （元）周達觀著，夏鼐校注：北京：中華書局，1981 年，第 94 頁。
〔註15〕 （元）周達觀著，夏鼐校注：第 94 頁。
〔註16〕 胡西元：《試論印度文化對柬埔寨文化的影響》，《河南教育學院學報（哲學社會科學版）》1998 年第二期。
〔註17〕 淨海：《南傳佛教史》，第 273～274 頁。
〔註18〕 淨海：《南傳佛教史》，第 276 頁。

摩至王廷主持宗教儀式，以便成爲眞正的獨立王國。〔註19〕十一世紀時有一婆羅門名提婆迦羅，曾連續把持政權三十年，擁立數位國王登位。一碑文還記載了闍耶跋摩七世從緬甸召來一個婆羅門爲王室祭司，並在以後繼承的兩位王中，擔任同樣的職務。〔註20〕

二、印度尼西亞

早在公元前 2 世紀，中國文獻中便出現了位於印度尼西亞群島的國家葉調，「葉調」就是古代爪哇島梵文名 Yavadvipa 的對音。公元三至七世紀，印度尼西亞境內出現多小王國，如達魯曼、訶陵和古泰等。這些古老王國與中國、印度甚至希臘間都有貿易往來。

公元一世紀前後，婆羅門教便傳入印度尼西亞群島，到公元四世紀，婆羅門教受到爪哇宮廷王室的推崇。公元五世紀在加里曼丹東部出現古戴王國，從發現的古戴王國的石碑中，記載著國王舉行命名祭典時，曾賜眾婆羅門許多金子。後來新的君主牟羅跋摩征服了許多部落和村社，又將村社的土地贈於婆羅門。公元五世紀，在西爪哇有個多羅磨王國，從發現的有關碑銘中，可以看到國王信奉的是毗濕奴，像古戴王國一樣，多羅磨也引進大批婆羅僧侶作其統治工具。古泰和多羅摩王國遺留下來的碑文使用的都是印度梵語，文字是缽羅婆字母，石碑上刻有笈多王朝時期流行的印度教神像，如濕婆神、象頭神、神牛等〔註21〕。

五世紀時，法顯從海路回國時，船曾至耶婆提。《佛國記》載：「乃到一國，名耶婆提。其國外道、婆羅門興盛，佛法不足言。」〔註22〕耶婆提位於今爪哇。由此可見，五世紀初印度的婆羅門教對印度尼西亞就有相當大的影響。7 世紀，在蘇門答臘建立的室利佛逝王國，主要信仰佛教，並且建造了舉世聞名的婆羅浮屠佛塔。但是，就是在這裡，也流行著印度教的信仰，一些人曾把印度教經典《摩訶婆羅多》的一部分，譯成爪哇散文，從而成爲印度尼西亞最早的散文。9 世紀，爪哇地區信奉印度教的勢力再度興起。在爪哇中

〔註19〕 淨海：《南傳佛教史》，第 274 頁。

〔註20〕 淨海：《南傳佛教史》，第 277 頁。

〔註21〕 孔遠志：《印度教在印度尼西亞》，《東南亞研究》1991 年第一期，第 59～60 頁。

〔註22〕 （東晉）法顯撰，章巽校注：《法顯傳校注》，北京：中華書局，2008 年，第 143～145 頁。

部建立的馬打蘭王國，有四位國王崇信濕婆教。其中一個國王在巴蘭巴南建築了一群供奉濕婆的神廟，歷時數十年，約有 250 座神廟，是印度尼西亞也是東南亞最大的印度教寺廟群。13 世紀末，伊斯蘭教開始傳入印度尼西亞，到 14 世紀中期，已盛行於印度尼西亞各群島。從那時起，印度教和佛教的影響逐漸衰落〔註23〕。

印度尼西亞目前還存留有大量婆羅門教的廟宇、雕塑等，據印度尼西亞上世紀八十年代的統計數據，全印度尼西亞有印度教廟宇 34283 座，雖說印度尼西亞大多數人口都信仰伊斯蘭教，印度教也仍然是印度尼西亞官方承認的五大宗教之一。目前印度尼西亞的印度教徒主要居住在巴利島和龍目島上，另有在爪哇島上的兩個少數民族信奉印度教與佛教的混合宗教，總數約 200 多萬。〔註24〕

三、緬甸

婆羅門教有可能早在公元前三世紀的太公國時期就已經傳入緬甸。從緬甸出土文物來看，太公城發掘的驃族少女骨灰甕中發現了螺紋形銅鈴鐺，緬甸學者認為海螺是毗濕奴大神的手持物，這是在緬甸發現的最早的關於印度婆羅門教傳入緬甸的證據。除此之外，在緬甸還發現了寫有梵文的太公古國錢幣以及有吉祥威剎圖形的太公國錢幣，吉祥威剎圖形是毗濕奴大神的夫人吉利仙女的代表。據敏悉都在《緬甸信神史》（上古時期）說，婆羅門教從印度的阿薩姆隨著到緬甸做生意的雅利安人傳入緬甸太公古國，雅利安人聘請婆羅門教僧侶來到太公國，在太公國修建婆羅門教廟宇，同緬甸人結婚，迫使一些緬甸人皈依婆羅門教，成為婆羅門教教徒〔註25〕。

從公元 1 世紀到公元 10 世紀驃國時期是婆羅門教在緬甸發展的鼎盛時期。驃國最早建立的城邦國家是毗濕奴城城邦（公元 1～5 世紀），按照緬甸傳說，毗濕奴城就是婆羅門教大神毗濕奴使用魔法變幻出來的，因此得名。對毗濕奴城遺址進行的考古挖掘出的錢幣上發現有吉祥威剎圖案、海螺圖案和水波紋等標誌著婆羅門教的圖案。在發掘出的骨灰甕上面，發現

〔註23〕 參考朱明忠：《印度教在世界的傳播與影響》，《南亞研究》2000 年第二期。
〔註24〕 孔遠志：《印度教在印度尼西亞》，《東南亞研究》1991 年第一期，第 62 頁。
〔註25〕 參見姜永仁：《婆羅門教、印度教在緬甸的傳播與發展》，《東南亞》2006 年第二期，第 37 頁。

有兩條鯉魚、海螺吉祥圖案、三叉矛、兩條對稱的龍等圖案。鯉魚是婆羅門教的吉祥物，海螺是毗濕奴的手持物，三叉矛是濕婆的手持物，龍是毗濕奴的坐騎。〔註26〕

漢林城時期是驃國的第二個城邦國家（公元 3 世紀～公元 9 世紀），對漢林城遺址進行的考古挖掘先後發現了漢林城時期的陶甕、陶念珠、畫有海螺圖案的印章、畫有吉祥威剎圖案的陶甕片，以及帶有婆羅門教標記的銀元等。

室利差旦羅國（公元 5 世紀～10 世紀）是古驃國的最後階段，對室利差旦羅城歷次考古挖掘中，先後發現了佛像、婆羅門教偶像、寫著驃文的骨灰甕、屍骨、鐵器、刻有字母的磚、盆的碎片、大乘佛教的佛像、陶念珠、鐵刀、鐵矛、裝有骨灰的陶罐，以及大批室利差旦羅時期的古錢幣。古錢幣上畫有三叉矛、海螺、吉祥威薩圖案、水波紋、卐字形圖案，還有婆羅門教的偶像。考古學者在室利差旦羅城發現了一片石片，石片上有兩個浮雕像，其中右邊一個浮雕是毗濕奴大神，毗濕奴大神騎在翅膀和尾巴都展開的大鵬鳥坐騎身上，左邊的浮雕是毗濕奴的妻子吉祥仙女。另有一塊石片，石片上有毗濕奴大神彎著兩隻腿，躺在摩迦羅身上，毗濕奴大神的臍眼處有 3 枝荷花，左邊有一尊坐在蓮花上長著 3 個頭的梵天大神。上面的發現都表明室利差旦羅時期婆羅門教已經發展到鼎盛時期。

1044 年，緬族首領阿奴律陀王在緬北蒲甘建立了蒲甘王朝。蒲甘王朝初建時延續了室利差旦羅城邦國家的婆羅門教信仰傳統，在蒲甘城修建了婆羅門寺廟。蒲甘著名的婆羅門寺廟有臥神寺，臥神寺內原有躺臥在龍王身上睡覺的毗濕奴大神的神像，大神肚臍眼處長出 3 枝荷花，荷花上有梵天、毗濕奴、濕婆的偶像。

1057 年以後，佛教被定為蒲甘王朝的國教，婆羅門教在緬甸發展才受到了限制開始衰落，但仍然在緬甸的政治、宗教信仰、文化藝術中任然保持著較大影響力。例如，從蒲甘王朝開始，在整個封建時期，每當新的國王登基，或者任命新的文武百官，所舉行的宣誓典禮和飲忠誠聖水的儀式中，都採用了婆羅門教儀式，聘用婆羅門主持；畢魯班曬花紋圖案作為婆羅門教徒的吉祥、避邪、禳災的圖案，最早是婆羅門教徒裝飾在婆羅門教神廟上的，後來同婆羅門教一起傳入緬甸，被緬甸人接受，普遍裝飾在緬甸佛塔建築和民宅建築中；江喜陀王信奉佛教，但他曾對蒲甘國民公開聲明自己是毗濕奴的化

〔註26〕 參考姜永仁：《婆羅門教、印度教在緬甸的傳播與發展》，第 38 頁。

身，自己崇拜毗濕奴大神，信奉毗濕奴大神；從貢榜王朝時期開始，民間形成了每年都隆重舉辦婆羅門教神象鼻天祭祀節的傳統；緬甸的民間信仰、民間傳說等也都可以看到婆羅門教的影響。〔註27〕

四、占城國

　　婆羅門教在越南南部曾經有非常深刻的影響，公元二世紀建立的占城政權，大量接受印度文化，宗教信仰以婆羅門教爲主。占城北起今越南河靜省的橫山關，南至平順省潘郎、潘里地區。秦漢時期，占城稱爲象林邑縣，簡稱林邑，屬交趾刺史部日南郡，東漢末年，占族人區連殺死漢朝象林縣令從中國獨立，佔據了原日南郡的大部分地區，以婆羅門教爲國教建立占城國。從8世紀下半葉至唐末，中國古籍稱其爲環王國，五代時期又稱占城。據當地發現的碑銘，始終自號占婆。占城國直到公元十七世紀才被越南吞併，跨越了近十五個世紀的占城政權，對東南亞的政治文化格局有著重要影響〔註28〕。

　　占城國立國之初，就吸收了大量印度文化的元素，奉婆羅門教爲國教，形成了富有占城特色的婆羅門教文化。在語言文字上，林邑國參照了梵語的字母，創立了自己特有的字母——占婆字母。占城國還建立起了嚴格的種姓制度，將全國人口分爲婆羅門、刹帝力、吠舍及首陀羅四個等級。婆羅門和刹帝力在占婆社會享有特殊的權利和待遇，如碑誌所記載，第四王朝君王毗建陀跋摩一世曾說：「罪無過於殺婆羅門者」；又如第六王朝君王因陀羅跋摩二世亦稱其政府「惟以婆羅門刹帝力二種人爲大臣」。

　　拔陀羅拔摩一世是第一位在占婆石碑上有記載的國王。他的統治時間大約是公元380年至413年之間。在占城國的統治中心美山聖地，拔陀羅拔摩一世爲婆羅門教神祇濕婆神建立了一個神廟。這個神廟被國王命名爲「Bhadresvara」，這個神廟的名字是國王名字「Bhadravarman」和濕婆神名字「Shiva」合二爲一的簡稱。將國王的名字後面加上後綴「-esvara」，也就是將國王的名字與濕婆神的名字合二爲一作爲神廟或林伽的名字，這項制度一直延續到以後的數個世紀。7世紀末期，美山聖地開始出現王家寺廟。這些寺廟

〔註27〕姜永仁：《婆羅門教、印度教在緬甸的傳播與發展》，《東南亞》2006年第二期。
〔註28〕劉昕：《10世紀前占婆與中國關係史述略》，《解放軍外國語學院學報》2001年第四期。

主要是用來崇祀婆羅門教的濕婆神的，也奉祀另一位神祇毗濕奴。此時期最著名的雕像是描繪有梵天從睡夢中的毗濕奴肚臍上的蓮花誕生的情景的林伽。

875 年，占城的中心北移至因陀羅地區。因陀羅跋摩二世（Indravarman II）在該地區建立了新的王朝。為了誇耀自己的血統，因陀羅跋摩二世宣稱自己是印度史詩《摩訶婆羅多》記載中在十王戰爭中戰敗的俱盧族武將阿奴文陀的子孫。

公元 9 至 10 世紀期間，大乘佛教傳入占城。這一新傳入的宗教立即受到因陀羅補羅地區人們的歡迎，一度取代婆羅門教的地位。在 10 世紀以後，大乘佛教信仰開始融入婆羅門教之中，與婆羅門教合為一體。婆羅門教再次成為占城的主流信仰。而這段時期的占婆佛教徒，往往兼奉婆羅門教的大自在天王。占婆的佛教寺廟，便有敬奉大自在天王及觀音等神靈。因陀羅跋摩二世在位期間，正式採用大乘佛教作為占城的國教。在因陀羅補羅的中部，國王為觀世音菩薩建立了一座寺廟。大乘佛教在占城的國教地位約於 925 年被廢除，濕婆信仰又恢復了原先的國教地位。〔註 29〕

五、泰國

泰國在很長一段時期都屬於柬埔寨王朝的統轄之下，所以泰國很早就受到婆羅門教的影響，但在 1238 年泰族政權素可泰建立之前，該地區處於主流地位的是信仰佛教的孟族人和信仰婆羅門教的吉蔑人，而非泰國現在的主體民族泰族。

據史料記載，從泰族建立的第一個政權素可泰（1238～1438）起，泰族統治者就已經將婆羅門教與佛教的觀念融合到民族的政治、風俗乃至文化之中，素可泰政權的一世王也曾將自己比做婆羅門教的戰神因陀羅。在這個政權中，婆羅門法師「阿占」得到了統治者極大的重用，婆羅門法師也在吠陀文明所創立的禮儀制度基礎上，以《摩奴法典》為底本為政權設計了較為完善的「雅利安達摩」式的法律。到了阿育陀耶王朝時期，這個政權的政治和法律制度在更大程度上吸收了婆羅門教文化。阿育陀耶一世王自比印度教的神話人物羅摩，阿育陀耶七世在攻打高棉時擄掠了大批婆羅門法師和官吏，

〔註 29〕田順靜、張崇：《試述印度文化在占婆的傳播與融合》，《文學界》（理論版）2010 年第七期。

並以此來鞏固政權，也爲其後來的政治改革奠定了基礎。在歷史上，阿育陀耶王朝的 33 位國王的自號中，基本都體現出對濕婆和毗濕奴的信仰，另從國王尊號的數量來看，對毗濕奴的崇拜多於濕婆。

　　到了曼谷王朝，對毗濕奴的崇拜則完全佔據主導地位。曼谷王朝九位國王的別號分別是拉瑪一世至九世，「拉瑪」也取自印度史詩《羅摩衍那》中的主人公毗濕奴神的化身羅摩的名字。直到 20 世紀初，婆羅門教才逐漸從泰國政治舞臺中退出，但歷史上婆羅門教文化影響中形成的禮法觀念已經深入到人們的思維中。禮俗中的婆羅門教文化仍燦然顯赫：上到國王的登基儀式、春耕典禮，下至百姓的成年禮、新居入夥等，各種儀式總是婆羅門祭司作主持，就連佛教徒出家儀式中都少不了婆羅門法師的身影。〔註30〕

第二節　中國的婆羅門教

　　自東漢永平年間佛教傳入中國起，西來的經像與高僧源源不斷，中國與印度的交流往來隨之日益頻繁。如《資治通鑑》卷一百四十七記載北魏時期的洛陽：「時佛教盛於洛陽，沙門之外，自西域來者三千餘人，魏主別爲之立永明寺千餘間以處之。」〔註31〕自西域而來的佛教僧人以外的人員就達三千餘眾，同時中國也有很多僧人前往西域求取佛法，他們的往來、駐錫和沿途所需，會促成印度與中國交通通道的日益繁忙，加之傳教活動以外的民間往來，必然會有大量婆羅門教信徒進入中國。

　　在古代史籍中，可以找到很多婆羅門教徒活動的記載。據嚴耀中先生的考察：「《隋書·經籍志》中，有一些冠以「婆羅門」名義的典籍，這裡姑且稱之爲『婆羅門』典籍。它們主要分佈在《經籍志》的子部和經部裏、史部裏也有，即：《婆羅門書》一卷；《婆羅門天文經》二十一卷，婆羅門拾仙人所說；《婆羅門竭伽仙人天文說》三十卷；《婆羅門天文》一卷；《婆羅門算法》三卷；《婆羅門陰陽算曆》一卷；《婆羅門算經》三卷；《婆羅門諸仙藥方》二十卷；《婆羅門藥方》五卷；《大隋翻經婆羅門法師外國傳》五卷。」〔註32〕

〔註30〕　參考吳聖楊：《婆羅門教信仰與泰人的禮法文化》，《太平洋文化》2007 年第八期。蘇梯翁·蓬沙拜布拉、楊光遠：《泰國的婆羅門教和佛教》，《雲南民族學院學報》1989 年第四期。

〔註31〕　（宋）司馬光，文淵閣《四庫全書》本。

〔註32〕　嚴耀中：《〈隋書·經籍志〉中婆羅門典籍與隋以前中國的婆羅門教》，《世界宗教研究》2009 年第四期，第 107～108 頁。

「此外在《隋書‧經籍志》中還有《竭伽仙人占夢書》一卷;《西域波羅仙人方》三卷;《西域諸仙所說藥方》二十三卷,目一卷;《耆婆所述仙人命論方》二卷,目一卷;《乾陀利治鬼方》十卷;《新錄乾陀利治鬼方》四卷;等等。這些書都是當時來自域外的,應該沒有問題。其中至少有一部分是和婆羅門相關的。」〔註33〕

從這些書的名字來看,涉及到天文曆算、命相占卜、醫藥等等,如果書中記載的技藝來自於印度,那麼傳入者更有可能是婆羅門教徒而非佛教徒,因爲《隋書‧經籍志》所記的典籍中,若是歸入佛教的,都會在書名或作者方面標示清楚,如《釋僧深藥方》《釋僧匡針灸經》《釋道洪方》《龍樹菩薩藥方》等。另一方面,天文曆算、命卜醫藥這些在印度世襲傳承的古老的行業,受到婆羅門教影響最爲深刻。而且與婆羅門教相比,這些技藝並非佛教之長項,甚至早期佛教是反對僧侶從事曆算命卜醫藥活動的。如《長阿含》第十四卷有這樣一段文字:「摩納!如餘沙門、婆羅門食他信施,行遮道法,邪命自活,瞻相男女,吉凶好醜,及相畜生,以求利養;入我法者,無如此事」〔註34〕。經文中還進一步說明,諸如「召喚鬼神,或復驅遣」「爲人安胎出衣」「爲人咒病,或誦惡咒,或誦善咒,或爲醫方、針灸、藥石療治眾病」「誦夢書,或相手面,或誦天文書,或誦一切音書」「或說地動、彗星、月蝕、日蝕、或言星蝕」等等,都是「餘沙門」(指佛教和婆羅門教之外的外道)、「婆羅門」用來「邪命自活」的手段,佛教僧侶不應從事這些行爲。可見天文曆算、命卜醫藥是婆羅門的傳統行業,釋迦反對其信眾從事這些職業。從唐宋時期的文獻中,也可以看到婆羅門教對中國醫學的影響,如《千金方》載有「天竺國婆羅門按摩法」,《外臺秘要》載有「婆羅門僧療大風疾方」,唐代詩人劉禹錫還因爲婆羅門僧治好了他的眼疾,有題爲《贈眼醫婆羅門僧》詩一首傳世。《宋史‧藝文志》裏,還載有《婆羅門僧服仙茅方》一卷。

除了印度的命相醫藥技藝傳入中國外,從《高僧傳》的記載也可以看出佛教傳入的早期,已經有婆羅門教徒專程來到中國佈道。《高僧傳》卷四《朱士行傳》載,于闐國的小乘佛教僧侶對其國王說:「漢地沙門欲以婆羅門書惑

〔註33〕 嚴耀中:《〈隋書‧經籍志〉中婆羅門典籍與隋以前在中國的婆羅門教》,第108頁。

〔註34〕《長阿含經》卷十三,《大正藏》第1冊,第84頁中。

亂正典，王爲地主，若不禁之，將斷大法，聾盲漢地，王之咎也。」〔註 35〕
如果此條記載屬實，那麼三國時期就有婆羅門教徒試圖在中國佈道。在《高
僧傳》卷六《道融傳》中還述及晉代僧人道融與婆羅門教徒辯論一事：「師子
國有一婆羅門，聰辯多學，西土俗書，罕不披誦，爲彼國外道之宗。聞（鳩
摩羅）什在關大行佛法，乃謂其徒曰：『寧可使釋氏之風獨傳震旦，而吾等正
化不洽東國』遂乘駝負書來入長安。」〔註 36〕來到長安後宣稱：「至道無方，
各尊其事，今請與秦僧挵其辯力，隨有優者，即傳其化。」〔註 37〕可見晉代
即有婆羅門教的重要人物曾來過中國並當眾宣傳婆羅門教義。再如《續高僧
傳》卷二那連提黎耶舍傳中，記載隋初有一個參與譯經的居士萬天懿：「少出
家師婆羅門，而聰慧有志力，善梵書語工呪符術。」〔註 38〕這段記載說明當
時中國本土已經有人成爲婆羅門教徒。

　　從佛教文獻看，唐代早期有一定數量的婆羅門教信徒參與了佛教經典的
翻譯，「如在武則天時開譯的《不空罥索陀羅尼經》，就『請北天竺嵐波國婆
羅門大首領李無諂以同譯梵本』和『北天竺迦濕彌羅國婆羅門大德僧迦彌多
囉以同勘梵本』……在今藏於日本東大寺正倉院的《佛說寶雨經》卷二之『譯
場列位』裏，證譯的『婆羅門僧般若』」〔註 39〕。再如《法苑珠林》對於早期
的譯經情況有這樣一段記載：「諸經先無正本，舊依婆羅門所翻得，爲文訛略
不依正梵，故更譯之。」〔註 40〕可見中國早期有佛教以外的印度婆羅門參與
了譯經工作，把一些非佛教的觀念夾雜在經文之中。

　　在古代的史志文獻、野史小說中，對於婆羅門僧的活動也多有記載，
但由於中國人對婆羅門教比較陌生，所以在這些文獻中，要麼婆羅門僧被
視爲行爲怪異的異類，要麼對婆羅門僧人帶著一種嘲笑、鄙視的態度。如
《舊唐書》卷八十四《郝處俊傳》載：「昔貞觀末年，先帝令婆羅門僧那羅
邇婆寐依其本國舊方合長生藥。胡人有異術，徵求靈草秘石，歷年而成。
先帝服之，竟無異效。」〔註 41〕《太平廣記》卷二百八十八載武后時：「有

〔註 35〕　（梁）慧皎撰，湯用彤點校：《高僧傳》卷四，北京：中華書局，1992 年，第
　　　　　145 頁。

〔註 36〕　（梁）慧皎撰，湯用彤點校：《高僧傳》卷六，第 241 頁。

〔註 37〕　（梁）慧皎撰，湯用彤點校：《高僧傳》卷六，第 241 頁。

〔註 38〕　（唐）道宣：《續高僧傳》卷二，《大正藏》第 50 冊，第 432 頁下。

〔註 39〕　嚴耀中：《唐代的婆羅門僧和婆羅門教》，《史林》2009 年第三期，第 22 頁。

〔註 40〕　（唐）道世：《法苑珠林》卷六十，《大正藏》第 53 冊，第 739 頁中。

〔註 41〕　（後晉）劉昫：中華書局標點本，第 2799 頁。

婆羅門僧惠範，奸矯狐魅，挾邪作蠱，諂超鼠黠，左道弄權，則天以爲聖僧，賞賚甚重，太平以爲梵王，接納彌優。」〔註42〕再如《太平廣記》卷四百四十八「葉法善」條云有一婆羅門僧「即老狐也，師命鞭之百，還其襲裝，復爲婆羅門。」〔註43〕以上這些文獻記載反映出了婆羅門在中國活動的情況，可見，婆羅門一方面伴隨佛教的傳播在中國逐漸擴大影響，另一方面他們也逐漸被中國人認識到婆羅門似乎並非純正的佛教，而是印度宗教的一種。也是在此時的中國南方沿海地區，由於與印度及東南亞地區有頻繁的海上商貿往來，因此婆羅門教也傳入了這些地區，並留下了婆羅門教的遺跡。

鑒眞和尚第五次東渡時，由於途中又遇到風暴，致使他們的船漂到海南島南端的崖縣。後來，又被當地官員送到廣州大雲寺休整。此時的鑒眞等人，就在廣州看到並描述了廣州婆羅門寺廟，據《唐大和尚東征記》所載：「又有婆羅門寺三所，並梵僧居住。池中青蓮花，花、葉、根並芬馥奇異。江中有婆羅門、波斯、崑崙等舶，不知其數；並載香藥、珍寶，堆積如山。」〔註44〕可見當時廣州已經不僅是印度商人聚居之地，而且婆羅門教也已經傳播進來。

宋元時期的泉州作爲中國最重要的港口之一，一直也是多宗教並存的地域，且婆羅門教在此地的傳播，早就獲得了學者的證實：「元代泉州南門城附近有一座番佛寺，或叫番菩寺……在南門城附近的蒲壽庚故宅遺址的東北隅，有一口池塘，泉州人叫它番佛寺池，二十多年前發現的婆羅門教三主要神祇之一的毗濕紐石雕造像就是在這裡掘出的，稍後又連續在距離該口池不遠的城垣基礎內起出了許許多多有關這類宗教的石刻，清末出土而將其嵌在一個無祀宮牆上的三方婆羅門教龕狀石也是在這個地方發現的。」〔註45〕泉州地區出土的婆羅門教遺物還不止這些，《泉州宗教石刻》一書收集了大量婆羅門教遺物，如「古印度婆羅門教龕狀石刻」、「毗濕紐石刻造像」、「印度古代石刻」等。〔註46〕

〔註42〕（宋）李昉編，文淵閣：《四庫全書》本。

〔註43〕（宋）李昉編，文淵閣：《四庫全書》本。

〔註44〕（日）眞人元開撰，汪向榮校注：北京：中華書局，2000年，第74頁。

〔註45〕吳文良：《漫談泉州婆羅門教寺》，《泉州海外交通史料彙編》，1983年，第277頁。

〔註46〕吳文良：《泉州宗教石刻》第四部分，北京：科學出版社，1957年。

　　從前面的討論可以看出，印度作爲古代文明的中心之一，其文化對周邊地區產生了極爲深刻的影響，與其社會緊密結合的婆羅門教，在東南亞地區的影響力曾經一度超越佛教，對東南亞歷史有深刻影響。從《大唐西域記》的記載來看，婆羅門教也在阿富汗、新疆等地傳播，對絲綢之路沿途的很多地區都有影響。《大唐西域記》卷一載迦畢試國（今阿富汗喀布爾北之貝格蘭姆）有：「天祠數十所。異道千餘人或露形，或塗灰，連絡髑體。以爲冠鬘。」〔註47〕嚴耀中先生也說：「由於唐宋以後新疆的生態環境和人文環境發生了巨大的變化，使得婆羅門教及其文化在今天的新疆不復存在，但它留下星星點點的遺跡告訴我們婆羅門教與婆羅門文化曾在古代絲綢之路新疆段沿途有著廣泛的存在。」〔註48〕因此可以說，歷史上（尤其在十三、十四世紀以前），以印度爲中心，在整個東南亞地區，構成了一個「婆羅門教文化圈」。婆羅門教由印度向北輻射到阿富汗、新疆等地，伴隨佛教一同進入中國；在南方，則由海路輻射到中國南方沿海地區。

　　從地理位置來看，雲南正處於「婆羅門文化圈」的包圍之中；從交往歷史來看，雲南不僅與印度、東南亞地區有著頻繁的政治、經濟、文化往來，而且古代雲南幾個重要的民族與東南亞盛行婆羅門教地區的幾個民族，不僅其語言屬於同一語系，而且在民族起源上有著同宗同源關係。從婆羅門教向東南亞傳播的時間來看，公元五到十一世紀，是東南亞地區的婆羅門教最爲鼎盛的時期。如柬埔寨的婆羅門教直到九世紀後半期才開始衰落，出現婆羅門教和佛教混雜的複雜局面；在占城國，公元9至10世紀期間大乘佛教才開始傳入，逐步取代了婆羅門教的地位；在緬甸，1057年以後佛教才被定爲蒲甘王朝的國教，此前則一直盛行婆羅門教。所以，雲南周邊地區其實一直受到婆羅門教的深刻影響。在後面的介紹我們會看到，雲南的南詔政權崛起於公元八世紀初，於公元九世紀中葉才開始推崇佛教，這段時期正處於東南亞地區婆羅門教發展的巔峰時期。而南詔文化中一些可能源自於婆羅門教的宗教元素，也都是在這一時期出現在雲南的，如到洱海地區佈道的「梵僧」、獨特的阿嵯耶觀音造型、遍及民間的大黑天神信仰、具有印度教「林伽」特徵

〔註47〕（唐）玄奘、辯機原著，季羨林等校注：北京：中華書局，2000年，第136頁。
〔註48〕嚴耀中：《絲綢之路新疆段中的婆羅門文化》，《晉唐文史論稿》，上海：上海人民出版社，2013年，第236頁。

的楚雄大姚白塔等等——因此可以合理推測，佛教於公元九世紀中葉在南詔
興起以前，婆羅門教也曾伴隨佛教一起深入到雲南，對當地的宗教、文化乃
至政治格局產生影響。

第三章 雲南古代歷史概述

本章將簡要介紹後文可能涉及到的有關雲南地理、歷史方面的問題，並重點討論雲南與印度和東南亞地區的早期交往歷史及雲南早期的宗教信仰形態。

第一節 雲南地區自然地理環境簡述

雲南地理環境十分複雜，北面與四川盆地相鄰，西北方則與青藏高原相接，因此容易受到漢文化和藏文化輻射。然而在洱海、滇池所處的北緯 26° 一線以北，地理狀況極爲複雜，這一區域內分佈著高黎貢山、怒山、大雪山等海拔多在 4000 米以上的高山，其間又有怒江、瀾滄江、金沙江等大河縱流，地勢險惡使得雲南與漢、藏兩地的經濟文化往來其實並不容易。

雲南北緯 26° 以南的地區，山區面積占 90% 以上，只有 6% 左右的平地適宜人類聚居。這些平地是星星點點分佈在山巒間的小型盆地，被稱爲「壩子」，這些小盆地數量眾多且面積狹小，由於山巒阻隔、地形複雜，各個「壩子」間的交通十分不便，相互往來受到極大限制。複雜的地理環境塑造了滇文化的多樣性：自然條件較好的地方，社會進步較快、文化發展程度較高；自然條件差的地方，由於高山深谷的阻攔，先進的文化難以傳播，發展較爲遲緩。

滇池、洱海，是雲南最大的兩個高原湖泊，二者東西排列，直線距離約三百公里。兩個湖泊的周邊地區水源豐沛、地勢開闊、氣候適宜，所以經濟文化水平較爲發達，一直都是雲南政治、經濟、文化的中心地帶——唐以前的中心在曲靖、昆明一帶，唐宋時期中心在大理，元代以後中心又移往昆明。

所以，以滇池——洱海這一軸線爲中心的地區最能代表雲南經濟、文化發展的主線索。

如果說雲南與藏漢兩地在地理形態上可以用「山水阻隔」來形容，那麼雲南與東南亞地區則是「山水相連」。高黎貢山南下，外沿伸展至緬甸東部，怒山向南沿伸至緬、泰境內，幾個大山脈之間的河流沿山脈由雲南流入周邊各國，東南亞地區諸多重要的水系，如湄公河、薩爾溫江、內富良江，其上游分別是雲南的瀾滄江、怒江、紅河，這種特殊的地理特徵，形成雲南與東南亞地區南北向的天然走廊，成爲生息在這裡的各個民族流動遷徙、融合繁衍的交匯地。「雲南有 15 個少數民族在周邊的東南亞各國都有分佈，如在中越邊境有傣、苗、瑤、哈尼、拉祜、仡佬族和克木人等，在中緬邊境有傣、景頗、阿昌、傈僳、佤等族，有的民族在不同的國家內有不同的稱謂，如雲南的傣族與緬甸的撣族、老撾的佬族都是同一民族的不同分支。這種同源民族分屬不同國度的局面，大多是各民族自然遷徙又相互結合的結果，這些同源民族語言相近，生活、服飾和風俗習慣也相近，有著相互通婚、互市、過耕的悠遠歷史。」〔註1〕

雲南與印度也相去不遠，從現代的國界劃分來看，滇西保山邊境到達印度邊境最近距離不足 400 公里，即便大理到達印度境內的直線距離也小於大理到達成都的距離。若由大理出發至印度，除了在雲南境內約兩百公里的地段內地形情況較爲複雜外，離開雲南邊境之後即進入緬甸平原，一路地勢平坦，與印度之間並無高山阻擋，比大理到達成都更加容易。因此雲南在歷史上一直是中國與印度經濟文化往來的重要通道之一。

由左圖可看出，由大理到印度邊境的距離小於大理到成都的直線距離，並且離開中國邊境後，一路地勢平坦，無大山阻隔，而大理與成都之間卻山巒阻隔，地貌十分複雜。從大理出發前往緬甸、越南等東南亞國家，其間的地理狀況也不像大理與成都之間那樣複雜。

〔註 1〕 參考郭亞非、王菊映：《雲南與東南亞各國的早期經濟交往》，《雲南師範大學學報（哲學社會科學版）》1997 年第二期。

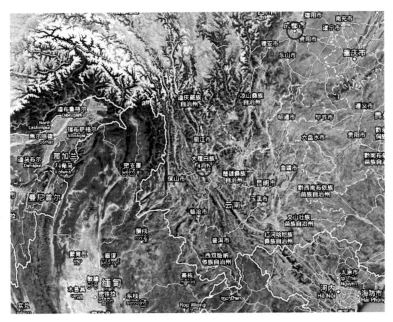

圖片來源：谷歌衛星地圖

第二節　雲南古代歷史簡述

　　據《史記》卷一百一十六《西南夷列傳》記載，楚威王時將軍莊蹻率軍入滇，「以其眾王滇，變服，從其俗，以長之。」〔註2〕在滇池地區建立政權，這是有關雲南地區建立政權的最早記載。在秦始皇統一六國之前，秦國就已經開始經營西南，在雲南地區建立行政機構，在戰國時期李冰開鑿的僰道基礎上，修築了通往滇東北地區的「五尺道」，成爲溝通漢地與雲南的樞紐。到了漢代，張騫出使西域歸來之後，就向漢武帝建議開鑿一條西南夷道，以通往身毒（印度）、大夏。漢武帝遂於元封二年（公元前 109 年），發巴蜀兵對洱海、滇池地區進行了長期的軍事征服，後滇國國王舉國投降，歸順中央王朝，漢武帝賜予「滇王金印」，同時在此設置了隸屬益州的郡縣，這是洱海地區設置郡縣的開始。

　　三國時期，雲南、貴州以及四川西南部被稱爲南中，歸屬蜀國，諸葛亮在洱海地區重建雲南郡。西晉時期，西晉王朝接管了蜀國統治的南中地區，將南中七郡中的雲南、興古、建寧、永昌單獨劃出，於公元 270 年正式設立

〔註 2〕 司馬遷著：中華書局標點本，第 2993 頁。

永州，這也是雲南第一次成為中央王朝直屬的行政單位，是當時的十九州之一，其行政中心為麒麟城（今雲南曲靖一帶）。但這一時期，雲南各地掌握著實際統治權力的大族豪強勢力強大，中央政權對雲南的實際控制能力很弱。到了東晉初年，由內地遷往雲南的爨氏勢力逐漸擴大，稱霸一方。於是晉王朝封爨琛為寧州刺史，並承認其世襲地位，雲南進入爨氏政權時代。

爨氏政權從公元 339 年開始，其統屬的地域囊括今雲南全省及四川涼山、貴州黔西南等地，爨氏政權結束了部族之間戰亂頻頻的狀態，在中原政治動亂、民族紛爭的形勢下保持了西南地區較為安定的社會局面，使得社會經濟有了一定發展。南北朝時期，爨氏勢力的勢力範圍非常廣大，據說已經「延袤二千里」，「遂王蠻中」，可見他們對大一統的王權已經造成了威脅。隋朝建立後，楊堅便派兵開通到西南的道路，爨氏遂歸附隋朝，隋派遣中央官員參與南中地區的政務，加強對西南地區的統治。其間爨氏發生過幾次叛亂，隋先後派史萬歲、楊武通帶兵鎮壓，經過兩次大的軍事打擊，爨氏政權的中心人物被消滅，爨氏統治區域縮小到建寧（今曲靖地區）、晉寧（今昆明地區）兩地。

爨氏逐漸衰落的時候，洱海地區由於受到部族戰亂的影響較少，各部族的社會經濟有了較快的發展。這一時期，洱海地區形成了六個較大的統治集團，文獻稱為「六詔」，六詔的範圍勢力大致涉及今日大理的巍山、賓川、洱源幾個縣區。唐朝初期，六詔的勢力大致相當，彼此互不臣服。唐政權建立（公元 618 年）後，李淵、李世民先後採取了一系列穩定西南的措施，積極經營西南地區。

七世紀末，吐蕃勢力迅速壯大起來，統一了青藏高原各部，並不斷派兵進攻唐朝西境。在四川，其勢直逼成都；在雲南，吐蕃控制了洱海北部的一些部落，唐的西南邊疆受到嚴重威脅。唐與吐蕃在洱海地區進行爭奪之際，當地部族貴族為擴展勢力，在唐、蕃之間坐收漁翁之利，在這樣的形勢下，唐便決定在洱海地區扶持「蒙舍詔」（南詔），讓其統一洱海各部，使之能遏制吐蕃勢力的南下，減輕吐蕃對唐朝西南邊境的壓力。

「蒙舍詔」（南詔）起源於大理巍山地區，先後經過舍龍、細奴羅、羅晟、晟羅皮、皮羅閣幾世的經營，成為六詔之中社會生產水平最高、勢力最強盛的部落，同時它在政治上一貫靠攏唐朝：細奴羅曾被封為巍州刺史，羅晟曾向唐朝入貢、大蒙恩獎，蒙舍詔還曾主動討伐過叛唐投蕃的幾個部落，這些因素使得蒙舍詔成為了唐在洱海地區代理人的必然選擇。

從 734 年開始，「南詔王」皮羅閣及其子閣羅鳳，在唐兵的大力協助下擊敗已經歸附吐蕃的各詔，用三年時間統一洱海周邊地區，之後南詔又借助唐的力量率兵東進，掃滅盤踞滇池地區的爨氏各部，佔有了滇池地區。由於皮羅閣統一六詔的行爲獲得了唐王朝的重視，所以，唐朝於開元二十六年（738年），也進一步確立了皮羅閣在雲南的統治地位，封其爲「雲南王」、「西南大酋特進越國公」，皮羅閣諸子也被封爲刺史。這個事件，也標誌著南詔國的歷史進入了新的階段。

其後，唐、詔之間的矛盾逐漸增多，唐不能坐視南詔迅速擴張並逐步擺脫唐的掌控，而南詔則不能忍受唐朝官吏的欺辱和控制，皮閣羅之子閣羅鳳公元748 年繼位南詔王不久，唐詔關係破裂。751 年實際掌握朝權的楊國忠興兵八萬征討南詔，南詔遂與吐蕃結成同盟抗擊唐軍，唐軍慘敗。唐又於 754 年興兵 20萬征討，再次慘敗，主帥李宓戰死。唐、詔之間的這場戰爭由於發生在天寶年間，故史稱「天寶戰爭」。這次戰爭對唐政權形成沉重打擊，直接觸發了後來的「安史之亂」（公元 755 年），唐政權自此開始衰落。而「天寶戰爭」使南詔擺脫了唐的控制，並且在此次戰爭中俘獲的大批漢人俘虜，帶來了大量先進的文化與技術，爲其後政治、文化、經濟各方面的大發展奠定了基礎。南詔解除了來自北方唐朝的壓力之後，便在吐蕃的協助下四處用兵，向周邊地區掠奪財物、擴張土地，經過五十多年的征戰，到九世紀初南詔的疆域已是：「東距爨，東南屬交趾（今越南北部），西摩伽陀（今印度），西北與吐蕃接，南女王（今泰國北部南奔府），西南驃（今緬甸中部），北抵益州（大渡河以南），東北黔巫。」〔註3〕成爲唐朝西南邊境強大的政權。

公元 859 年，南詔王世隆自封爲皇帝，擺脫了與唐的藩屬關係。此時正逢吐蕃政權瓦解，唐朝國力也十分衰弱，南詔趁機對唐進行頻繁的侵擾，成爲晚唐最嚴重的邊患。南詔晚期，由於頻繁發動戰爭，南詔各種矛盾激化。897 年，南詔王隆舜爲其臣楊登所殺，其子舜化立。902 年，舜化死，舜化的兒子不滿一歲，權臣鄭買嗣掌國政，殺舜化子，起兵殺蒙氏親族八百人，自此南詔滅亡。自 649 年細奴邏稱王至此共二百五十四年，傳十三主。

此後雲南又先後出現過一些過度性地方政權，直到公元 936 年，段思平重新統一了原南詔疆域，建立了大理國。20 年後，北宋政權建立，北宋徹底

〔註 3〕　（宋）歐陽修、宋祁撰：《新唐書》卷二百二十二上，中華書局標點本，第 6267頁。

放棄了對雲南地區的控制，因此大理國成爲完全獨立的政權。直到公元 1253 年，忽必烈率蒙古軍隊攻入大理，大理政權自此結束，歷時三百一十七年。雖然蒙古軍隊遭到大理國的激烈抵抗，但還是對大理國採取了懷柔政策，段氏仍然在洱海地區保持著較大勢力。〔註4〕

第三節　雲南與印度及東南亞地區的交往

雲南一直是中國與南亞、東南亞地區交往的重要通道。雲南通往印度的通道可能在史前時代就形成了，其開拓者更可能是早期的遷徙民族「中印之間滇緬通道在新石器時代的文化交流信息更加豐富。印度東北地區如阿薩姆、梅加拉亞、那加蘭、曼尼普爾、孟加拉、比哈爾、奧里薩、和喬達·那格浦爾等地，出土有肩石斧、石錛，長方形石斧、石錛，八字形式斧，長方形有孔石刀等，都是中國雲南常見的器形。」〔註5〕「再晚一些的考古出土物，有雲南江川李家山墓葬中發現的蝕花肉紅石髓珠，其產地或製作地在西亞及巴基斯坦信德省以及印度德里。墓葬的時代爲春秋晚期，雲南考古學者認爲此類蝕花石髓珠不是本地的產品，而是由西亞地區輸入的。其輸入路線很可能就是古代雲南——印度那條不被更多人所知的商道。」〔註6〕從早期考古文獻可以看出，雲南與印度之間應該早就開通了一條商道。

〔註4〕　參考周玲：《雲南地方史》，成都：西南交通大學出版社，2011年。

〔註5〕　石雲濤：《早期中西交通與交流史稿》，北京：學苑出版社，2003年，第35頁。

〔註6〕　牛鴻斌：《中國雲南與印度經濟關係的歷史》，《東南亞南亞研究》2009年第二期，第54頁。

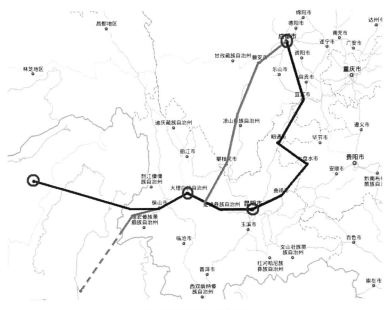

蜀身毒道示意圖

　　在歷史文獻方面，《史記》卷一百一十六《西南夷列傳》最早出現了關於印度——雲南通道的記載。公元前 103 年，張騫出使西域歸來，向漢武帝報告：「居大夏（今阿富汗）時見蜀布、邛竹杖，使問所從來，曰：『從東南身毒國可數千里，得蜀賈人市』。或聞邛西可二千里有身毒國。騫因盛言大夏在漢西南，慕中國，患匈奴隔其道，誠通蜀，身毒國道便近，有利無害。於是天子乃令王然於、柏始昌、呂越人等，使閒出西夷西，指求身毒國。至滇，滇王嘗羌乃留，為求道西十餘輩。歲餘，皆閉昆明，莫能通身毒國。」〔註7〕從這段記載可看出，張騫已經意識到在中國西南存在一條通往西域的通道，由於當時中國與西域的通道被匈奴阻擋，張騫返回後向漢武帝建議開闢通往西域的西南通道，如果能由此道赴西域則「道便近，有利無害」，漢武帝採納了張騫的建議，派出使臣探索這條通往印度的通道，但派出的十餘批使臣在雲南均遭到滇王的阻攔、滯留。元封二年（公元前 109 年）漢武帝便派遣軍隊「往擊昆明之遮漢使者，斬首虜數萬人而去」〔註8〕。四年後，滇王對漢稱臣，漢武帝也賜給滇王金印，也在滇池、洱海地區設置了益州郡，自此中國通往印度（史書稱「身毒」）的西南官方通道被打通，由於這條官道的起點在

〔註7〕　（漢）司馬遷著：中華書局標點本，第 2995～2996 頁。
〔註8〕　《史記》卷一百二十三，中華書局標點本，第 3171 頁。

四川，故史書稱之爲「蜀身毒道」。到了東漢時期，雲南爆發叛亂，平叛後，漢政權又在保山設立了漢代西南最邊遠的永昌郡，加強了對西南通道的控制。

從文獻記載來看，這條西南通道的路線並沒有大的變更，其主要路線是從內地四川盆地的成都出發，分別經過零關道（今地名及大體路線爲成都——雅安——西昌——雲南）或者五尺道（成都——宜賓——雲南）進入雲南，在姚安並爲一道繼續西行，經博南（今永平一帶）、永昌（保山）。這條通道到永昌後分爲兩支，一支西行經滇越（今騰沖）出境至緬甸金泉城（今密支那）、安西（今孟拱，又稱孟拱道），由孟拱西行經阿薩姆入印度，是爲天竺道。另一支經茫部（今芒市）、畹町、樂城（今瑞麗）出境到上緬甸臘戍再至下緬甸卑謬。公元一、二世紀時，伊洛瓦底江三角洲尚未形成，當時卑謬距海不遠，由此可出海。〔註9〕

這條商道交易的貨物，中國輸出的主要是絲綢、金、銀、刀劍等手工業製品，從南亞、東南亞輸入的貨物包括琉璃珠、沉香、珠寶等商品，據《華陽國志・南中志》所列，包括銅、鐵、錫、金、銀、光珠、琥珀、水精（晶）、玻璃、軻蟲、蚌珠、孔雀、翡翠、犀、象、猩猩等等。一般認爲光珠、琥珀、水精（晶）、玻璃、軻蟲、蚌蛛、翡翠等物，有的來自緬甸、印度，有的來自海外大秦等更遠的國度。而軻蟲（海貝）主要來自印度洋、孟加拉國灣及西南太平洋沿岸〔註10〕。由於多有奇珍異物自雲南販入中國，故《三國志・魏志》卷三十載「有水道通益州、永昌，故永昌出異物」。〔註11〕頻繁的商貿往來，也促使此時會有更多的民族間的商貿往來。《華陽國志・南中志》中就記載永昌郡（今保山）多民族雜居的情況：「永昌郡，屬縣八，戶六萬，去洛陽六千九百里，寧州之極西南也，閩濮、鳩僚、傈越、裸濮、身毒之民。」〔註12〕其中「身毒」就是印度。頻繁的邊境貿易也使得雲南邊境地區成爲重要的貿易集散地，根據唐人樊綽所著《雲南志》分析，公元八世紀時，南詔與驃

〔註 9〕　參考陳保亞：《論滇僰古道的形成及其文化傳播地位——茶馬古道早期形態研究》，《思想戰線》2006 年第二期。牛鴻斌：《中國雲南與印度經濟關係的歷史》，《東南亞南亞研究》2009 年第二期。

〔註10〕　牛鴻斌：《中國雲南與印度經濟關係的歷史》，《東南亞南亞研究》2009 年第二期。

〔註11〕　（晉）陳壽撰，裴松之注：《三國志・魏志》卷三十，中華書局標點本，第 861 頁。

〔註12〕　（晉）常璩撰，任乃強校注：《華陽國志校補圖注》，上海：上海古籍出版社，1987 年，第 285 頁。

國（今緬甸）交往密切，「當時驃國商人經常到大理貿易，雲南商人也經常到緬甸貿易，因此驃國與南詔交界處的「悉利移」城成為一個貿易重鎮，為了便於貿易，南詔和驃國還各在自己境內設有市場。又據《雲南志略》載，當時邊民交換已初具市場形式，即較為普遍的鄉村集市，或五日一集，或十日一集，交換的主要商品是各族人民的生活用品。」〔註13〕

　　雲南與南亞、東南亞交往的通道，除了「蜀身毒道」外，還有一條由雲南通往越南，再由海上通道通往南亞的路線，稱為「安南通天竺道」或稱「進桑麋泠道」。「這條通道在漢晉時期已開通的雲南至交趾（今越南）道的基礎上，通過陸路或者紅河水道通至安南首府交州（今越南河內）及其港口，再由海上通道通往印度。」〔註14〕唐、宋時期就有許多求法僧人取道安南水路赴印度。有學者對這條古道的評價頗高：「由於進桑麋泠道溝通了交州與雲南乃至中原內地交通聯繫，使交州這個對外貿易港口獲得了與雲南及中原內地廣闊的貿易市場；同樣，進桑麋泠道溝通了雲南與交州港的聯繫，使閉塞的南中西南夷各民族有了一條最近捷，最方便的出海通道，並通過交州與海外世界發生聯繫，開拓了交往的範圍。」〔註15〕從這個角度講，雲南自古以來都不是閉塞之地，實際一直與外界進行著各種各樣的聯繫。

第四節　雲南的早期宗教信仰

　　據文獻所載，雲南地區可能長期流行著巫鬼信仰，並且這種信仰與政權關係密切，甚至形成了一種「政教合一」的統治方式。

　　巫鬼教是「南夷」先民們源於祖先崇拜的一種原始宗教，《華陽國志・南中志》中就有記載：「其俗徵巫鬼，好詛盟，投石結草，官常以盟詛要之。」〔註16〕這反映出在晉代，官員為了維持統治不得不以向巫鬼盟誓的方式，獲得當地族群的支持與配合。而在《新唐書》卷二百二十二下《南蠻傳》中，對於夷人的巫鬼信仰有更詳細的記載：「夷人尚鬼，謂主祭者為鬼主，每歲戶

〔註13〕　郭亞非、王菊映：《雲南與東南亞各國的早期經濟交往》，《雲南師範大學學報（哲學社會科學版）》1997 年第二期。

〔註14〕　牛鴻斌：《中國雲南與印度經濟關係的歷史》，《東南亞南亞研究》2009 年第二期。

〔註15〕　陸韌著：《雲南對外交通史》，昆明：雲南民族出版社，1997 年，第 48 頁。

〔註16〕　（晉）常璩撰：任乃強校注，第 247 頁。

出一牛或一羊，就其家祭之。送鬼迎鬼必有兵，因以復仇云。」〔註17〕這段記載反映出巫鬼信仰以祭祀「鬼」為主要特點，同時也反映出在南中地區形成了一種類似於「政教合一」的「鬼王制」，鬼主或大鬼主既是部落首領又是宗教祭祀的主持人，在其他文獻中也反映出了這種「鬼王制」對政治的深刻影響，如《文獻通考》卷三百三十說：「夷俗尚鬼，謂主祭者鬼主，故其酋長號都鬼主。」〔註18〕可見酋長即是部族首領，又是祭祀的鬼主；元代李京的《雲南志略》中也說：「羅羅，即烏蠻也……有疾不識醫藥，用男巫，號大溪婆，以雞骨占吉凶，酋長左右。斯須不可缺，事無鉅細，皆決之。」〔註19〕從中可見，巫師的地位實際並不比酋長低，他們實際已經事無鉅細的參與進部落事務中，巫鬼信仰也對政治決策發揮著巨大影響力。

按照《南詔圖傳》的記載，唐代洱海地區信奉巫教的白蠻就有崇拜魚和海螺的習俗，南詔王室為了保持「立霸王之丕基」，歷來都虔誠隆重地「用牲牢而享祀西耳河」神金魚、金螺。《南詔圖傳》還記載張樂盡求帶領洱海地區的白蠻大姓貴族在鐵柱旁祭天的活動，有學者認為，這是記載有關洱海地區巫教的最早文獻記載，祭天、崇拜聖物，是巫教的重要內容〔註20〕。

另從文獻記載看，漢晉時期滇人就熱衷於修建神祠，以拜祭各種鬼神、祭祀祖先或者傳說中的英雄人物，這種傳統一直延續到後世。《華陽國志·南中志》就記載朱提（今雲南昭通）一帶「俗妖巫，惑禁忌，多神祠。」〔註21〕雲南神祠眾多，是因為這裡部族眾多，每一個部族都可能有自己的信奉的鬼神，即便同一部族，由於姓氏的不同，也會供奉不同的祖先或神靈，《華陽國志·南中志》記載南中大的部族達到五十八部，有的大部族可以達到兩千多小部族。每一個部族都有自己的神祠，由此可以推想當時雲南大小神祠數量之眾。這種神祠文化延續到今日，就成為具有雲南地方特色的本主信仰或土主信仰（白族多稱為「本主」，彝族多稱為「土主」）。當地人通常認為本主能保祐自己「為士者程高萬里，為農者粟積千鍾，為工者巧著百般，為商者交

〔註17〕 中華書局標點本，第 6314 頁。

〔註18〕 （元）馬端臨編：文淵閣《四庫全書》本。

〔註19〕 （元）李京撰，王叔武校注：《雲南志略輯校》，昆明：雲南民族出版社，1986年，第 89 頁。

〔註20〕 參考李惠銓、王軍：《〈南詔圖傳·文字卷〉》初探》，《雲南社會科學》，1984年第六期。

〔註21〕 （晉）常璩撰，任乃強校注：第 279 頁。

通四海」。凡是白族聚居的村莊都少不了有本主崇拜。一般說來，大多一個村供奉一個本主，也有一個村有兩個以上本主，或幾個村一個本主。各村本主廟裏的主神不盡相同，有傳說中的英雄人物，有南詔大理國國王和大臣，如閣羅鳳、異牟尋、段思平、鄭回等；有的是與大理有關係的中原王朝的將領，如李宓、忽必烈、沐英等；還有孝子、節婦、大黑天神、觀音、龍王等，少數還有自然崇拜物，如石頭、樹樁、猴子、山神、日神、牛等〔註22〕。

　　從出土文物來看，除了巫鬼信仰與神祠文化之外，雲南早期（南詔以前）的民間信仰也受到了印度文化的影響。1990 年大理下關發現了一座東漢熹平年間（公元 172 年～178 年）的磚室墓。在墓中出土了七件吹簫胡僧俑。「七件俑出自同一模製，著扁尖頂僧帽，雙腿作結跏狀，雙手握簫管，作吹奏狀。扁尖頂帽陶俑。」〔註23〕這七件胡僧俑並不是個案。雲南下關大展屯二號漢墓與保山漢墓出土陶俑均與僧人形象相仿。1984 年昆明官渡區雲山村發掘一座「梁堆」，爲漢末三國時期墓葬。在該墓室頂部正中有方形砂石一塊，浮雕一巨大 12 瓣蓮花，蓮端尖形，蓮瓣兩重，有紅、黃、黑三色相間，花心有紅色蓮子。此爲這種蓮花雕刻顯然受到了佛教文化的影響。1989 年，在官渡區又發現同樣類型墓葬一座，墓頂砂石浮雕同樣三色蓮花。另外在昆明昭宗村漢墓、曲靖梁堆漢墓也都發現蓮花刻石。〔註24〕這些胡僧、蓮花等具有印度文化特徵的造型，是婆羅門和佛教所共有的文化元素，因此無法區分究竟是來自哪種宗教信仰，筆者認爲如果這種印度文化元素是由於移民或商業交往傳入，那麼更有可能來自婆羅門教，因爲婆羅門與印度人的普通日常生活融爲一體，婆羅門教更有可能通過民間交往的方式傳播到其他地區。

　　古代文獻中也可以找到很多雲南與印度宗教往來的記載，《南詔圖傳》中記錄了多則南詔早期印度僧人前來佈道的故事；《白古通紀》有大量南詔時期印度僧人在大理活動的記錄，同時還有一些官方與印度宗教往來的記錄，如「迎西方摩伽陀國僧贊陀崛多爲國師」、「天旱，王請西天白胡神至，啓壇行法術」等〔註25〕；《大阿拶哩楊嵩墓誌銘》有這樣的記載：「（楊嵩）其先有楊

〔註22〕 參考楊志明：《白族本主崇拜的功能初探》，《雲南民族學院學報》2000 年第五期。
〔註23〕 阮容春：《佛教南傳之路》，長沙：湖南美術出版社，2000 年，第 52 頁。
〔註24〕 參考王海濤：《雲南佛教史》，第 83 頁。
〔註25〕 《白古通記》，見王叔武輯著：《雲南古佚書鈔》，昆明：雲南人民出版社，1979 年。

珠、楊珠覺二師，本天竺國婆羅門之種族也」；萬曆《雲南通志》也有這樣的
記載：「張子辰、羅邏倚皆西天竺人，先後爲南詔蒙氏禮致，教其國人。」〔註
26〕可見南詔時期，雲南與印度的宗教往來十分頻繁，這將在下一章中進行更
詳細的討論。

〔註26〕以上兩則材料轉引自侯沖：《雲南阿吒力教綜論》，見《雲南與巴蜀佛教論稿》，
　　　　北京：宗教文化出版社，2006年。

第四章　洱海地區古代宗教史概述

　　在雲南歷史上，南詔時期是個非常重要的歷史階段，從南詔中期開始的四百餘年中，雲南脫離了中央政權成為獨立王國，直到元朝才重新納入中國版圖。而印度宗教在南詔政權興起過程中也可能發揮了重要作用，從各種文物及文獻資料分析，當時來自印度的宗教顯然不止佛教一端。筆者認為，南詔初期很可能是一個婆羅門教與佛教並存，甚至婆羅門教更為盛行的時期，直到南詔中期王室開始大力推崇佛教，婆羅門教才逐漸從雲南淡出。但即使如此，也還有一部分婆羅門教宗教元素融入了佛教信仰或民間信仰之中，形成了具有地方特色的「白族佛教」。

第一節　南詔早期的印度僧人

　　從史志文獻和碑銘的記載來看，南詔政權興起初期，曾有大量印度僧人在大理地區活動，並且在南詔政權興起的過程中發揮了重要作用，而史志文獻對這些僧人的記載大多具有很強的神話色彩，其行為怪異，與漢傳佛教和小乘佛教僧人的形象大相徑庭，因此後世學者多將這些印度僧人視為密教僧人，認為這些僧人傳入了「阿吒力教」。這種觀點在元代的時候已經出現，並且一直是當代雲南宗教研究的主流觀點。但從《南詔圖傳》對印度僧人的描繪來看，這些來自印度的僧人，並不完全是佛教僧人，其中可能有相當多一部分是婆羅門教僧人。

　　本節將對有關南詔早期印度僧人的傳說、記載進行整理，以期呈現出南詔早期這些印度僧人的情況。由於以往的研究基本都把這些僧人視為佛教、

密教或「阿吒力」教僧人，本節仍然沿用傳統觀點進行介紹，不對這些僧人的宗教屬性進行分析，這項工作將在下面兩章進行。

一、梵僧授國傳說

關於蒙舍詔的興起，無論正史記載還是野史傳聞，都有蒙氏受到梵僧點化的說法，這個梵僧也是洱海地區佛教史中極爲重要的人物，後世流傳著大量有關此無名梵僧的傳說。《南詔圖傳》是一部研究南詔歷史的重要史料，成書於南詔末期的公元 898 年，時爲南詔中興二年，故又名《中興畫傳》，原卷已失傳，現存於日本東京都有鄰館中的爲後人的摹本。對於《圖傳》的創作目的，其「敕文」中說中興皇帝因年幼無知，不知是哪個僧人最先把佛教傳入南詔，而他又「誓欲加心供養，圖象流形」，以便布告天下，讓「儒釋耆老之輩，通古辯今之流，莫隱知聞，速宜進奏」〔註1〕。此書爲南詔官員張順、王奉宗根據《巍山起因記》、《鐵柱記》、《西洱河記》、《張氏國史》等書以及佛教最初傳入南詔的史實和他們所聽到的一些傳聞內容彙編而成。〔註2〕

《南詔圖傳》以圖文並茂的方式記述了南詔佛教興起的歷史，其中有觀音七次化爲梵僧點化蒙氏的詳細描述：

第一化講述了南詔第二代主興宗王羅晟的賢臣羅傍遇到梵僧，梵僧給其封氏之書，並遣天兵協助興宗開國，「從此兵強國盛，闢土開疆」（羅晟爲細奴羅之子，因此若按時間順序排列，第一化應該排在第六化與第七化之間）。

第二化和第三化講述了梵僧乞食於細奴羅家，細奴羅之妻潯彌腳和羅晟之媳夢諱毫無吝嗇，施食於梵僧，梵僧授記南詔將奕葉相承，代代爲王。

第四化和第五化講述了梵僧至瀾滄江附近獸賧窮石村，村主王樂等偷食其犬並殺害梵僧。梵僧施展法術，死而復活，王樂等歸心服罪。

第六化講述梵僧至忙道大首領李忙靈之界，騰空而起，現其阿嵯耶觀音之形象，李忙靈驚喜不已，遂鑄聖像。

第七化講述一百餘年後西域和尚菩立陀訶至大理，問：「吾西域蓮花部尊阿嵯耶觀音，從蕃國中行化至汝大封民國，如今何在？」從此，南詔才知道開化大理的梵僧爲阿嵯耶觀音。

〔註1〕 參見李惠銓、王軍：《〈南詔圖傳·文字卷〉初探》，該文對《南詔圖傳》文字卷中的文字進行了詳細整理，對錯訛、缺失的部分進行了分析，本章所引的《南詔圖傳·文字卷》的文字均出自該文。

〔註2〕 溫玉成：《〈南詔圖傳〉文字卷考釋》，《世界宗教研究》2001 年第一期。

後世大量史志當中，關於梵僧點化蒙氏及大顯神通的記載也不可勝數，下面略舉數條：

元張道宗撰《紀古滇說原集》：「有梵僧續舊緣自天竺國來，乞食於家。習農樂同室人細密覺者，勤供於家而晌夫耕。行則見前僧先在耕所，坐向問其言，僧曰：汝夫婦雖哀牢山勤耕稼穡，後以王茲土者無窮也。語畢騰空而去，乃知是觀音大士也。復化爲老人，自鑄其像，今阿嵯耶觀音像者是也」〔註3〕。《白古通紀》：「觀音愍其受害，乃化爲梵僧，牽一犬自西天來。歷古宗、神川、義督、寧北、蒙茨和，入靈應山德源城，主喜檢張敬家。敬，羅刹貴臣也。見梵僧儀容，深禮敬之，介以見羅刹王。王甚喜，乃具人睛、人肉供之。僧辭曰：『不願肉食。王誠眷禮，願受隙地爲一庵居。』羅刹許之，且曰：『廣狹自裁。』僧云：『止欲我袈裟一展，我犬二躍之地，足矣。』羅刹笑甚少，僧云：「王勿後悔，請立契券。」傾國觀者百萬人。既成契約，僧解袈裟一展，蓋其國都；叫犬令躍，一躍盡其東西，再躍盡其南北。羅刹張皇失聲曰：『如今我無居地矣。』」〔註4〕繪於宋代的《大理張勝溫畫卷》（又稱《大理國梵像卷》）繪有一梵僧，左前跪著兩女子，對照《南詔圖傳》此兩女子應爲細奴羅之妻得彌腳和羅晨之妻夢諱。《張勝溫畫卷》還畫了一僧人肖像，長髯闊面，頂上立著一尊阿嵯耶觀音，與《南詔圖卷》上老僧形象雷同，背景有巍山，前有南詔王奉侍，榜題僧人名號爲「建國觀世音菩薩」，這裡的「建國」二字喻示著這個被視爲觀音化身的僧人與南詔開國關係密切。

另外，《南詔圖傳》的畫像上的梵僧形象爲手持澡瓶、足穿犀履、一手托鉢、一手執杖、頭載蓮冠、長髯寬袍，牽著一犬的老人。《南詔圖傳》上這一老僧形象，也在後來雲南的很多繪畫雕刻作品，以及各種史志中出現。《南詔圖傳》中此僧形象爲長髯寬袍，左手托鉢，旁置錫杖，座前有一銅鼓、一副挑擔和一淨瓶。明代楊慎的《南詔野史》有記載：「有老僧美髯，冠赤蓮冠，披袈裟持鉢，至奴羅家乞食。」〔註5〕劍川石寶山沙登村甲子寺後山頂岩壁，有一南詔時陰刻線像老僧，美髯長袍，手執鐵杖，旁有一犬；昆明圓通寺有一唐代石碑，上刻長髯老人狀觀音；涼山博什瓦黑地區有南詔遺刻「梵僧」，長袍闊面，高鼻卷髮虯髯，旁置淨瓶手杖，前有一犬。〔註6〕

〔註3〕　《玄覽堂叢書》第七冊，臺北：正中書局，1981年，第340～341頁。
〔註4〕　王叔武：《雲南古佚書鈔》，第53～54頁。
〔註5〕　《中國方志叢書》第150號，臺北：成文出版社，1968年，第24頁。
〔註6〕　參考王海濤：《雲南佛教史》。

這些文獻及文物資料顯示出，關於蒙氏時期梵僧在大理行教的傳說，流傳時間極長，傳播範圍也很廣。概括起來，傳說的內容包括：梵僧接受細奴羅父子供養，並預言蒙氏必將立國開疆；梵僧大興法術，戰勝「羅剎」，懾服、教化當地民眾；梵僧遣天兵助羅晟開國；梵僧示現阿嵯耶觀音形象或化銅鼓鑄阿嵯耶觀音像等等。

二、「滇密」七師

從後世文獻的記載來看，細奴羅、羅晟時期是所謂「滇密」興起的重要時期，而「滇密」歷史上重要的「七師」也是在這一時期出現的。

萬曆《雲南通志》卷十三載：「楊法律、董獎疋、蒙閣陂、李畔富、段道超五人，並能役使鬼神，召致風雨，降龍制水，救災禳疫，與張子辰、羅邏倚皆西天竺人，先後爲南詔蒙氏禮致，教其國人，號曰七師」。

關於「七師」這一稱謂，也在很多其他文獻中出現，如明代大理人楊森撰碑銘中，數次引用《郡志》提及此事，明成化七年（1471）撰《故寶瓶長老墓誌銘》：「稽《郡志》，唐貞觀時，觀音自西域建此土，國號大理，化人爲善，攝授楊法律等七人爲吒力灌頂僧」〔註7〕；明弘治八年（1494年）《應念英楊公碑記》：「大密楊公霖……密教源派，始自西乾中印土，昆□□□□門，肇觀音大士，開化東震。率密先祖法律等七師。」〔註8〕這裡的「七師」應當理解爲初期學習、傳播密教中較有影響的七個人，而當時學習密法的顯然不止這七人，明代《大阿拶哩段公墓誌銘》有記載：「唐貞觀己丑年，觀音大士自乾竺來，率領段道超、楊法律等二十五姓之僧倫，感化四方」〔註9〕，這裡提及了「二十五姓之僧倫」。再如《龍關趙氏族譜》（寫於大理國天開十九年，1223年）說：「蒙晟羅時，天竺人摩伽陀，闡瑜伽教，傳大理阿左梨輩，而趙氏與焉」〔註10〕；至正九年（1350年）《故恭默思道妙辯大師釋智明墓銘》載元代周慶爲世襲阿吒力：「蒙氏奇王細奴羅之師周溫之後胤也」〔註11〕，而《雲

〔註7〕　《白族社會歷史調查四》，第 239 頁。

〔註8〕　轉引自王海濤：《南詔佛教概論》，見《峨眉山與巴蜀佛教》，北京：宗教文化出版社，2004 年，第 401 頁。

〔註9〕　《白族社會歷史調查四》，第 194 頁。

〔註10〕　轉引自張錫祿：《大理白族佛教密宗的特點及其在國際佛教界的影響》，見《南詔大理歷史文化國際學術討論會論文集》，北京：民族出版社，2006 年，第 334 頁。

〔註11〕　見芮增瑞：《楚雄出土阿吒力元碑述略》，《楚雄師專學報》1999 年第四期。

南通志》所載的「七師」並無趙姓、周姓人士，另外其他文獻、碑銘中提及的無言和尚、楊道清等人，也不在「七師」之列。

　　這些早期滇密傳入的事蹟，在各種史志中多有記載，並且大多帶有濃重的神話色彩，如萬曆《雲南通志》卷十三載：「張子辰，南詔七師之一。習天竺持明法，常諷詔為善，勿嗜殺人。詔重建寺成，以問子辰有何功德。子辰曰：勿騰口說，當為證明。端坐露地，前置一鉢，頃之，鉢中有水晶觀音，乘雲升空。」，「羅邏倚，南詔幽王時，能以神力轉運岩石，補點蒼山巔。今觀其石如象如牛，堆朵而起，宛如人為，然非神莫能也。」

　　這些早期的滇密傳人之中，楊法律的影響最大，在各種文獻中出現的頻率最高，如元明時期的《僰古通紀淺述》載細奴羅之孫盛羅皮繼位後（673年）：「以張儉成為國老，以楊法律和尚為國師」〔註12〕；明代《故寶瓶長老墓誌銘》載：「開元初（714年），楊法律運用妙用取佛舍利置於班山塔，即其始祖也。傳至大容、仲容、小容，俱精秘術〔註13〕。」明《醫師楊奴碑》載：「蒙段繼守斯土，舉其始祖楊法律為國師，曾祖楊正保為醫官」；明《大師楊公碑》載：「竊聞密裔，乃西乾淨行婆羅門族，始祖法律」〔註14〕。元代張道宗撰《紀古滇說集》還記述了無言和尚李紹祖與楊法律鬥法一事：「有李和尚，名紹祖者，精密法教，與道清顯聖，嘗持一鐵鉢盂，入定不語，民稱曰『無言和尚』，與楊國師賭手段也，欲晴，則鉢內火光燭天，遂晴；欲雨，則鉢內白氣上騰升雲，遂雨。王亦封為灌頂國師」〔註15〕，這裡所提的「楊國師」，即當為楊法律。關於無言和尚，其他文獻中也多有記載，如《僰古通記淺述校注》載：「唐太宗貞觀二十年（646年），張樂進求率三十七部酋長，以雲南國詔遜位於細奴邏……以張樂進求為國老，無言和尚為國師」〔註16〕，《宜良縣志》卷九：「密教阿吒力，無言和尚，姓李名無言，邑人俗稱阿喳黎」。

　　這些早期修習、傳播密教的人，應該在南詔具有較高政治地位，無言和尚、楊法律分別為南詔二世細奴羅、四世祖晟羅皮的國師。對於這些密教宗師在政治上的影響力，萬曆《雲南通志》有這樣的記載：「（七師）嘗諷詔尊唐。詔於其言，或用或不用，然知其無他，益信遇不衰。」可見蒙氏對密師

〔註12〕　尤中校注：第32頁。
〔註13〕　《白族社會歷史調查四》，第239頁。
〔註14〕　轉引自王海濤：《南詔佛教概論》。
〔註15〕　《玄覽堂叢書初輯》第七冊，第353頁。
〔註16〕　尤中校注：第25頁。

們在政治上的建言，有的採用，有的不採用，即便有的觀點不和，仍然對這些密師禮遇有加。

七師之中「閣皮」的地位較爲特殊，他是南詔五世祖皮羅閣之子，亦即指揮了對唐「天寶之戰」的閣羅鳳的弟弟。元統而年（公元 1334 年）楊泰撰《故政治溫良恭謙和尚墓誌銘》對閣皮出家之事有記載：「南詔歸義王皮羅閣之嫡男蒙閣皮，厭俗而剃。於時公卿子弟泊士民之俊秀從遊者以千數，咸曰：王子，仁人也，不可失也。」〔註 17〕銘文中還有「（閣皮）號師僧上首李畔富和尚」的說法，按此銘文推測，閣皮與「七師」中的李畔富實爲一人，亦是白族大姓之一李氏的先祖，「李畔富」應爲閣皮的僧號，這也體現出了雲南密教僧人僧號的命名習慣與漢地佛教有很大差異。按文獻的記載，張子辰、羅邏倚都是印度人，楊法律也有可能是印度人，但都採用了漢姓作爲僧號之首，然後將此姓世襲傳承。

雲南的劍川石窟，先後由南詔國和大理國兩朝修建完成，其年代約在公元 852～1125 年之間，具有非常高的歷史價值，其中一窟稱爲《閣羅鳳朝政圖》，正中閣羅鳳危冠高坐，兩旁站滿儀仗甲士，其右有一和尚結跏趺坐與之共坐龍床參議朝政，此人即是閣皮。後世文獻中，不乏閣皮運用法術協助閣羅鳳獲得戰爭勝利的記載，如《滇釋記》：「閣毗和尚，南詔神武王之弟也，多有神異。師常率人馬十八騎，往回（吐蕃）數千里，不過朝夕。時唐軍伐滇，師皆破之，後至四海，人馬浮波而去，莫之所從。」〔註 18〕楊愼撰《南詔野史》載：「此二役也，皆鳳弟閣陂和尚及鳳妃白氏行妖術，展帕拍手而笑，韓陀僧有缽法，以故唐兵再敗。」〔註 19〕

那麼這些早期密師從何處學習密法？多數文獻都認爲來自於天竺僧人。

如《大阿拶哩段公墓誌銘》有記載：「夫西竺有姓名曰阿接哩，是毗盧遮那，族姓婆羅門，從梵天口中而生，教習秘密大道。唐貞觀己丑年，觀音大士自乾竺來，率領段道超、楊法律等二十五姓之僧倫，感化四方，流傳密印，譯咒翻經，上以陰擁法度，下以福豐右。追至蒙氏奇王之朝，大興密教，封贈法號，開建五密壇場，爲君之師。王重法以公主之女甥口之承續，助道和光，同境受灌頂之師也⋯⋯」〔註 20〕在其他文獻中也將這個傳播密法的僧人

〔註 17〕 《白族社會歷史調查四》，第 107 頁。
〔註 18〕 轉引自王海濤：《南詔佛教概論》，見《峨眉山與巴蜀佛教》，第 401 頁。
〔註 19〕 《中國方志叢書》第 150 號，第 36～37 頁。
〔註 20〕 《白族社會歷史調查四》，第 194 頁。

稱為「天竺大士」、「觀音」等，正統四年（1439 年）撰《老人趙公壽藏銘》中說：「稽《郡志》，唐貞觀時，大士自乾竺來建大理，以釋氏顯密之教化人為善，摩頂授記蒙氏細奴羅，號為奇王，主宰斯土；選有德行者為阿吒力灌頂僧，祈禱雨吻，禦災捍患。」〔註21〕顯然這裡所說「摩頂授記蒙氏細奴羅，號為奇王，主宰斯土」即指天竺梵僧預言蒙氏興國之事，在《大阿拶哩楊嵩墓誌銘》中亦將傳播密法的僧人稱為「定國觀音」。有的文獻中，還記載了這位僧人的名字為「摩伽陀」，如大理國天開十九年（1223 年）《龍關趙氏族譜》中說：「蒙晟羅時，天竺人摩伽陀，闡瑜伽教，傳大理阿左梨輩，而趙氏與焉。」萬曆《雲南通志》卷十三載：「摩伽陀，天竺人，蒙氏時卓錫於騰沖長洞山，闡瑜伽教，演秘密法，祈禱必應，至今雲南土僧名阿吒力者，皆服其教。」

但依文獻的記載，傳播密法的並非摩伽陀一人，如《大阿拶哩楊嵩墓誌銘》有這樣的記載：「（楊嵩）其先有楊珠、楊珠覺二師，本天竺國婆羅門之種族也……觀音定國之初，先建葉榆，請二師從西來，護國安邦，築十方壇，提標祀典，祭以奠之，風調雨順，五穀豐登，人民足食。歷代以來，尊之敬之。」〔註22〕可見摩伽陀曾邀請楊珠、楊珠覺一同來大理傳播密法，萬曆《雲南通志》也有這樣的記載：「張子辰、羅邏倚皆西天竺人，先後為南詔蒙氏禮致，教其國人。」可見張子辰、羅邏倚皆為印度人，受蒙氏邀請才來到大理。在《僰古通紀淺述校注》記述天竺梵僧與本地羅剎鬥法之時，也有這樣的記載：「有十萬精兵自西天來，楊波求、無言和尚、神明天子領天兵萬人，皆助梵僧」〔註23〕，而楊波求、無言和尚皆南詔早期的密教法師，可見摩伽陀是在其他人協助之下布教傳法。根據碑銘記載楊法律也有可能是印度人，如明《楊宗碑》載：「公諱宗，喜郡寺上下婆羅門僧口也。蒙氏之時，始祖（即楊法律）以密秘教名於世，尊以為師」，明《大師楊公碑》：「竊聞密裔，乃西乾淨行婆羅門族，始祖法律」。

根據這些文獻的記載，我們可以大致釐清密教在大理地區傳播的線索，也可以構建出一幅早期「滇密」形成的圖景：

天竺僧人來到大理，受到細奴羅、羅晟父子的禮遇，然後預言蒙氏必將興國，並在大理地區顯現密教的威力，降服本地抵制密教的反對者，並收徒

〔註21〕 轉引自侯沖：《雲南阿吒力教綜論》，見《雲南與巴蜀佛教論稿》，第 212 頁。
〔註22〕 《白族社會歷史調查四》，第 194 頁。
〔註23〕 尤中校注：第 18 頁。

傳教，同時天竺僧人還邀請其他天竺僧人來到大理一同傳播密法。這些早期的密教僧人始終與蒙氏政權保持著密切聯繫，並積極參與到蒙氏興國的過程之中，因此密教僧人在南詔一開始就具有很高的政治地位，天竺僧人被奉爲「建國觀音」，楊法律、無言和尚等都被封爲國師，而王室成員也直接參與到密法的學習傳播過程中。密教的興起也應該經歷了較長時間，從細奴羅禮遇梵僧，到閣皮成爲「七師」之一，其間經歷了細奴羅、羅晟、晟羅皮、皮羅閣、閣羅鳳五代，時間跨度有一個多世紀之久。需要說明的是，上述結論都是依據後世文獻構建起來的，而這些關於「七師」的記載大多出自元明時期的記載，距離南詔崛起的時間已有六、七百年，傳說、傳聞的成分較多，雖說有一定參考價值，但不可盡信。

第二節　南詔佛教的興起

　　爨氏時期的佛教可能已經傳入雲南，但到南詔之時，佛教在雲南的影響力很小。南詔早期的所謂「密僧」，即便關於他們的記載和傳說可信，他們也沒有令南詔王室完全崇奉佛教。

　　按照《雲南志略》記載，雲南興起佛教是從南詔第三代王晟羅皮開始，書中記載「晟羅皮立，是爲太宗王。開元二年（公元 714 年），遣其相張建成入朝。玄宗厚禮之，賜浮屠像，雲南始有佛書。」〔註 24〕後來的雲南史志也多有類似記載，將唐玄宗賜佛像、佛書一事視爲佛教傳入雲南的標誌，如《記古滇說原集》載：「成至京朝唐，時玄宗在位，厚禮待之，賜以浮屠像而歸。王崇事佛教自茲而啓」〔註 25〕；明《雲南通志》載：「南詔蒙晟羅遣彥成使於唐，禮待甚厚，賜以浮屠像而歸，南中佛事自茲始」。可見南詔信奉佛教主要還是受到漢地影響，與印度「密僧」們的布教活動關係不大。

　　現存的《南詔德化碑》是公元 776 年，「天寶戰手」南詔勝利之後，由國主閣羅鳳所立，以記述南詔君王的偉業豐功爲主，同時表達南詔不得不叛唐興兵的苦衷，又要陳明歸附唐室的心跡。《南詔德化碑》還廣泛記載了南詔時代雲南的諸多史蹟，如城廓建置、職官體制、農田水利等等，因此它是研究南詔歷史、經濟、政治、軍事、文化極爲重要的第一手資料。但這樣一個重

〔註 24〕　（元）李京撰，王叔武校注：《雲南志略輯校》，第 72～73 頁。
〔註 25〕　《玄覽堂叢書初輯》第七冊，第 353 頁。

要的官方文獻，並未出現對佛教的單獨記載，啓始的碑文爲「恭聞清濁初分，運陰陽而生萬物；川嶽既列，樹元首而定八方」，文中亦有「陰陽序而日月僭」「通三才而制利」這樣的表述，因此可以判斷當時的官方意識形態是以漢地傳統的儒道思想爲主，碑文中唯一和佛教有關的記載是「闡三教，賓四門」，說明佛教不過與儒道並列，並無特殊地位，況且這裡的「三教」與「四門」爲互文，表達了南詔當時對各種文化兼容並蓄的態度，「三教」一詞應該是一種修辭手法，未必專指儒釋道。

對於佛教成爲南詔國教的時間，《南詔圖傳》中有明確記載。在《南詔圖傳》的敕文中有這樣一段文字：「願立霸王之丕基，乃用牲牢而享祀西耳河……河神有金螺金魚也……而祭奠之，謂息災難也。乃於保和昭德皇帝紹興三寶，廣濟四生，乃捨雙南之魚金，仍鑄三部之聲眾。」文中所提「保和昭德皇帝」是南詔第七代王勸豐祐，823 年至 859 年在位。從這段記載來看，在勸豐祐以前，南詔王室最重視的是西洱河神信仰，期望通過祭祀西洱河神成就霸業。《南詔圖傳》開卷第一圖便是繪有以海螺和鯉魚爲圖騰標誌的西洱河神圖，這說明西洱河神信仰在南詔歷史上有過很重要的地位。直到勸豐祐時期，王室才廢棄了「金螺金魚」所代表的信仰，開始「紹興三寶，廣濟四生」，「鑄三部之聲眾」，大力推崇佛教。可見佛教正式成爲南詔的「國教」，應該是九世紀中葉的事情。

勸豐祐「紹興三寶」一事史志之中多有記載，勸豐祐對佛教的崇奉應當與一位來自印度的僧人「贊陀崛多」有很大關係。「贊陀崛多」是雲南佛教史上的重要人物，後世學者認爲「贊陀崛多」即是雲南阿吒力教之鼻祖，如著名的雲南社會歷史學家方國瑜曾斷言：「阿吒力教之傳，始於贊陀崛多。」〔註 26〕據清代《雲南通志》卷二十五：「贊陀崛哆尊者，西域僧也，自摩伽國來，又號『摩伽陀』。結茅於郡之峯頂山，郡地舊爲澤國，贊陀欲通道，莫由徘徊。岸側見一女浮匏於水，語陀云：『能呼匏至前，水當得洩。』陀呼之不至，女以爲行力未至，言已不見。陀遂入山後石室，面壁十年。女復至曰：『匏可呼矣。』浮匏令呼之，果至。陀乃卓錫象眼山下，擲念珠於水。俄山石迸開凡百餘孔，水遂奔洩。」〔註 27〕明萬曆《雲南通志》卷十三載：「贊陀崛多神僧，

〔註 26〕見《雲南佛教之阿吒力教二三事》，《滇史論叢》第一輯，上海：上海人民出版社，1982 年，第 218 頁。
〔註 27〕（清）鄂爾泰等監修：文淵閣《四庫全書》本。

蒙氏保和十六年（公元 839 年），自西域摩伽陀國來，爲蒙氏崇信，於鶴慶東峰頂山，結茅入定，慧通而神。」《滇釋記》中寫道：「贊陀崛哆尊者，又云室利達多，西域人，自摩伽陀國來，又號摩伽陀」，《清一統志》卷三百八十二引《白古通記》說：「神僧贊陀崛多，以蒙氏保和十六年（公元 839 年）自西域來。」〔註 28〕宋代所繪《大理國描工張勝溫畫梵像》有贊陀崛多像，這也是現存載有贊陀崛多的最早資料。《張勝溫畫梵像》的第 56 號畫像中有一位僧人盤坐，此僧著圓領華麗僧服，深目、高鼻、落腮鬍鬚，爲異域人。《畫卷》的上方文字標明「贊陀□多和尚」。史志文獻中關於贊陀崛多的記載頗多，可見贊陀崛多應當在勸豐祐時期來到南詔。

《僰古通紀淺述校注》載勸豐祐「以趙文奇爲國老，迎西方摩伽陀國僧贊陀崛多爲國師，贊陀崛多爲瑜伽教主……凡諸祈禱鎮讓皆有神效，主愛之」〔註 29〕，還記載贊陀崛多的老師釋利達多就經吐蕃進入南詔，但沒有受到重視，贊陀崛多到來時則受到勸豐祐的高度禮遇，勸豐祐還將妹妹嫁給贊陀崛多。史志文獻中還多提及贊陀崛多傳入阿吒力教一事，如《滇釋記》記載贊陀崛哆闡瑜伽法，傳阿叱教」等等，因此後世多將贊陀崛多奉爲雲南阿吒力教始祖。

古代文獻關於贊陀崛多的記載大多具有濃重的神話色彩，如元代《老人趙公壽藏銘》稱其「著述降伏、資益、愛敬、息災四術，以資顯化」〔註 30〕，《白古通紀》：「（贊陀崛多）憫郡池大半爲湖，以錫杖穿象眠山麓爲十餘孔泄之，湖水既消，民始獲平土而居。」〔註 31〕鶴慶等白族地區，有關贊陀崛多的傳說故事還編成了《牟伽陀祖師開闢鶴慶擲珠記》，也成爲在雲南影響很大的白族民間文學著作。

從勸豐祐時期開始，佛教受到南詔王室的高度重視。史載勸豐祐的母親出家爲尼，用銀五千兩鑄佛一堂。勸豐祐之子世隆亦篤信佛教，《僰古通記淺述校注》載其在位時：「大寺八百謂之蘭若；小寺三千謂之伽藍，遍於雲南境內，家知戶曉，皆以敬佛爲首務。」〔註 32〕他和其母段氏在建昌城（今西昌）

〔註 28〕文淵閣《四庫全書》本。
〔註 29〕尤中校注：第 62 頁。
〔註 30〕轉引自侯沖：《雲南阿吒力教綜論》，見《雲南與巴蜀佛教論稿》，第 214 頁。
〔註 31〕王叔武：《雲南古佚書鈔》，第 66 頁。
〔註 32〕尤中校注：第 79 頁。

建立了景淨寺，今稱白塔寺。南詔歷史上著名的「不拜唐使拜和尚」的故事亦發生在世隆之時。《新唐書》卷二百二十二中載：「自南詔叛，天子數遣使其境，酋龍（即世隆）不肯拜，始終遂絕。（高）駢以其俗尚浮屠法，故遣浮屠景仙攝使往，酋龍與其下迎謁拜，乃定盟而還。」〔註33〕

　　世隆之子隆舜對佛教的推崇更勝一籌，隆舜以「嵯耶」為年號，即取阿磋耶觀音之意，在《南詔圖傳》和《張勝溫畫卷》都有隆舜的形象出現，在《南詔圖傳》中，他站在兒子與皇帝的前面，正在向阿嵯耶觀音頂禮合十，在《張勝溫畫卷》中，隆舜更是位居雲南佛教的「八祖」之一，與「梵僧觀世音」、贊陀崛多、雲南禪派祖師張惟忠等七個雲南高僧並列。隆舜的形象還出現在《張勝溫畫卷》「大寶蓮釋迦佛圖」及「群王頂禮十一面觀音圖」中，其形象一個是兩腿一曲一跪，雙手合十，正在向佛禮拜，胸中飄出一縷金絲飄然向佛與蓮瓣相連，表示與佛祖佛法心心相印；在「群王圖」中歷代詔王高冠長袍，唯隆舜赤膊躍足，顯得特別突出。

　　世隆在位20年，被臣下所殺，其子繼位5年，被臣下鄭買嗣所殺，南詔蒙氏政權遂滅亡，為鄭氏大長和國所取代，鄭買嗣亦崇奉佛教，史載他曾造萬尊佛，為殺絕南詔王室八百人而懺悔。大長和國建立27年之後，被段氏大理國取代，大理國歷時三百餘年，直到元初被忽必烈所滅，三百餘年間大理國始終崇奉佛教，段氏自思平起到興智共二十二主，其中七人讓位為僧，一人被廢為僧。元郭松年《大理行記》載：「此邦之人，西去天竺為近，其俗多尚浮屠法，家無貧富皆有佛堂，人不以老壯，手不釋數珠，一歲之間，齋戒幾半。」〔註34〕足見大理佛教信仰之隆盛。

第三節　相關討論

　　雲南與東南亞山水相連，與印度不僅地理位置接近，而且離開雲南邊境後，前往印度的路途並無高山阻擋，這種地緣優勢使得雲南地區可能在春秋時期甚至更早以前就與南亞、東南亞地區有著交流往來。而雲南作為聯絡中國與南亞、東南亞地區的重要通道，進一步促進了雲南與周邊地區的經濟、文化往來。

〔註33〕（宋）歐陽修，宋祁撰：中華書局標點本，第6290頁。
〔註34〕王叔武校注：昆明：雲南民族出版社，1986年，第22～23頁。

　　對於雲南早期的宗教信仰狀況，文獻記載很少，可供參考的文物也不多，加之由於佛教自南詔中後期開始在雲南大興，因此學者們對雲南早期宗教狀況的考察，注意力大多集中在佛教最早何時傳入雲南，而忽視了雲南早期婆羅門教的研究。

　　在南詔時期以前，佛教有可能對雲南產生過一些影響，然而從地緣角度和婆羅門教的特點來分析，婆羅門教應當比佛教更加容易傳入雲南，因爲婆羅門與印度人的民俗、民間傳說、日常生活融爲一體，如果印度宗教是以民間交往的方式（商業往來、移民等等）傳入，那麼婆羅門教自然比佛教具有更大的傳播優勢。另外，從第二章的討論可以看到，南詔時期以前（包括南詔時期），柬埔寨、占城國等東南亞國家都是婆羅門教最興盛的時期，從出土文物看，緊鄰雲南的緬甸這一時期婆羅門教的影響力也最大，因此這一時期的雲南也更有可能受到婆羅門教影響。

　　筆者認爲，雲南早期盛行的巫鬼信仰，也有可能與婆羅門教發生過融合。雲南的地理特點是適合人類聚居的「壩子」面積狹小，「壩子」之間往往山巒阻隔，文化具有非常複雜的多樣性，因此所謂「巫鬼信仰」應該並非一個統一的信仰形態，而是各地有各地的特色，從文獻記載來看，祭祀、占卜是巫鬼信仰的重要內容，而這正是婆羅門教之所長，因此有的地區的「巫鬼信仰」完全可能吸收了婆羅門教的元素。特別值得注意的是，在《南詔圖傳》中記載了一種早期盛行於洱海地區的「西洱河神」信仰，有學者認爲這是雲南早期巫鬼信仰的一種，但從《南詔圖傳》的記載來分析，「西洱河神」的圖騰中包含了長角的魚、輪盤、海螺、蛇王等婆羅門教毗濕奴信仰的標誌性符號，而且對於「西洱河神」是以「牲宰」的祭祀方式祈求「立霸王之丕基」，這與婆羅門教通過「馬祭」祈求使國王成爲王中之王的祭祀目的相似，因此早期洱海地區的「西洱河神」信仰有可能融合了婆羅門信仰（詳見本文第六章）。

　　到公元八世紀南詔政權興起的時候，曾經有大量印度僧人在洱海地區活動，當時進入雲南的不可能完全是佛教僧人，應當有相當一部分婆羅門僧人。這些僧人在南詔政權興起過程中發揮過一定作用，南詔政權也利用這些僧人和民眾的宗教信仰鞏固其統治。這一時期佛教在南詔並無特殊地位，從《德化碑》的記載來看，南詔政權有可能採取了「闡三教，賓四門」的兼容並蓄的宗教態度，從《南詔圖傳·文字卷》來看南詔王室早期信奉的可能是本土的西洱河神信仰，佛教地位並不高。直到九世紀上半葉，勸豐祐在贊陀崛多

的影響下才開始大力推崇佛教，其子世隆更是極為虔誠的佛教徒，從此佛教才在雲南被奉為「國教」，深厚的佛教傳統一直延續了三百餘年。

　　從勸豐祐、贊陀崛多時期開始，佛教在雲南成為了主體宗教，這是一個毋庸置疑的結論。但在勸豐祐大力推崇佛教之前，南詔的宗教狀況如何？婆羅門教在南詔初期是否產生過重要影響？現今是否還能在雲南文化中找到婆羅門教影響的痕跡？另外，大理白族的佛教與漢傳佛教相比，更有一些顯著的地方特色，如民間普遍信奉大黑天神、信奉白族獨有的阿嵯耶觀音、歷史上有世襲相傳的亦官亦僧的「阿吒力」僧等等，可以說這些都是全世界其他地區的佛教所沒有的獨特現象，故學界常將「白族佛教」稱之為「阿吒力教」，認為白族佛教這些獨特傳統來自於密教，是密教的一個分支。

　　然而如果雲南佛教是在南詔勸豐祐時期才開始興起，「阿吒力教」如學界認為那樣是贊陀崛多傳入，那麼我們會發現「白族佛教」這些獨特傳統起源的時間，都遠早於勸豐祐時期，並且在「密教」中也難以找到白族佛教的這些傳統。相反，在婆羅門教中卻很容易找到它們的蹤影，如大黑天神本身就是婆羅門教神祇，阿嵯耶觀音的細腰造型具有顯著的婆羅門教中毗濕奴的造型特點，「觀音鬥羅剎」的傳說也是由毗濕奴收復三界的傳說演繹而來。就是阿吒力僧這種亦官亦僧，世襲傳承的特點，以及他們在政權結構中的職能，都更像是婆羅門祭司。

　　因此筆者猜測，南詔早期其實是一個以婆羅門教為主體信仰的時代，但在勸豐祐大興佛教之後，婆羅門教就被淡化乃至有意的廢除，但有的婆羅門教傳統被佛教吸收，有的則保留在民間信仰之中，從而形成了獨具地方特點的所謂「阿吒力教」。

第五章 阿吒力教探源

　　以往的雲南佛教史研究，一度將洱海地區流傳的佛教稱爲「阿吒力教」，認爲是佛教密宗遺留在雲南的一個分支，亦稱其爲「滇密」或「白密」。然而近年來侯沖先生經過詳細考證，提出近代流傳於雲南民間的「阿吒力教」，是由元明時期漢地流入的「應赴僧」演變而來，故認爲南詔大理時期並無密教，更無所謂「阿吒力教」〔註1〕。

　　筆者在研究中發現，雖說「阿吒力」一詞未見諸元明以前的史志文獻，但早期文獻中確實記載過大理地區有一類娶妻生子、世襲從事宗教活動，同時又積極介入政治、文化活動的特殊僧人群體，並且當地族譜對這種宗教世家的傳承脈絡有清晰記載，根據族譜分析，這些宗教世家早在南詔初期就已興起，並在南詔、大理時期的宗教、政治生活中保持一定影響力。因此，雖說近代民間的一部分「阿吒力僧」可能是由明代的「應赴僧」演變而來，但在「應赴僧」進入雲南前，洱海地區就已經存在一類既非佛教亦非密教的特殊僧人群體。

　　沿著「婆羅門教曾傳入雲南」的研究思路，筆者發現這些僧人身上確實可以找到一些婆羅門祭司的特徵，故提出一個大膽的猜想：在「應赴僧」進入雲南以前，那些在文獻中被稱爲「釋儒」、「師僧」或「阿吒力」的特殊僧人，可能就是南詔婆羅門教祭司群體的遺支。

〔註 1〕 參考侯沖：《雲南阿吒力教經典研究》，北京：中國書籍出版社，2008 年，第333～336 頁。

第一節　阿吒力教研究狀況概述

阿吒力，應該是梵文 Acaya 的音釋。Acaya 原爲婆羅門教授弟子有關吠陀祭典規矩、行儀之師，後爲佛教採用，作爲出家眾對其師長的稱呼。在漢傳佛教中就是所謂的「阿闍黎」，此語又譯作「阿捨黎、阿闍梨、阿祇利、阿遮利耶。略稱闍黎。意譯爲軌範師、正行、悅眾、應可行、應供養、教授、智賢、傳授。意即教授弟子，使之行爲端正合宜，而自身又堪爲弟子楷模之師，故又稱導師。」〔註2〕在洱海地區的史志文獻中，阿吒力一詞有「阿庶梨耶」、「阿闍梨義」、「阿折里耶」、「阿左梨」、「阿拶哩」、「阿叱唎」、「阿闍梨」等數十種寫法。現存大理佛教相關文獻中，最早出現「阿吒力」的概念是在大理國時期的寫經之中，鳳儀寫經中有這樣的題記：

「國師灌頂大阿左梨口口口押題」（裱背裝殘卷）

「國師阿左梨王德彰」（裱背裝殘卷）

「大阿左梨周梵彰述」（《通用啟請儀軌》）

「習密阿左梨」（《金剛大灌頂道場儀軌》）〔註3〕

另外在大理鳳儀北湯天村《董氏族譜》中，董氏十五世祖的封號中出現了「大阿左」一詞，董氏十五世祖應該對應於大理國中期〔註4〕，由此可以推測，大理佛教出現「阿吒力」這個概念，應該不晚於大理國中期。不過到了元代，「阿吒力」這個概念才開始在地方文獻中頻繁出現，如元統甲戌《故正直恭謙和尚墓碑銘並敘》載：「……時元統甲戌正月望日。孝嗣大阿左梨李寶立石。布燮楊智彤。」〔註5〕大理五華樓基址出土元代《故大阿左梨趙道宗墓碑》載有玄通秘法大阿左梨趙泰、德行高潔傳印大阿左梨趙隆、神功梵德大阿左梨趙道宗、大阿左梨趙明、泰寬直善大阿左梨趙祥等〔註6〕。

明初，明太祖曾下令嚴禁阿吒力教傳播。但由於民間對阿吒力教「土俗奉之，視爲土教」，不得不改變策略，進行誘導。明朝廷又頒佈詔令，承認並允許信奉阿吒力教，同時在雲南布政使司的各地級地方府衙中，設立了專門

〔註2〕　慈怡主編：《佛光大辭典》第四冊，高雄：佛光出版社，第3688頁。
〔註3〕　轉引自侯沖：《雲南阿吒力教綜述》，見《雲南與巴蜀佛教論稿》，第239頁。
〔註4〕　董國勝、董沛涓：《大理鳳儀北湯天董氏族譜整理及研究》，《大理文化》2005年第六期，第57頁。
〔註5〕　《白族社會歷史調查四》，第107頁。
〔註6〕　轉引自張錫祿：《大理白族佛教密宗的特點及其在國際佛教界的影響》，見《南詔大理歷史文化國際學術討論會論文集》，第337頁。

管理阿吒力事務的「阿吒力僧綱司」。明永樂年間，趙州北湯天大阿吒力董賢，奉召進京爲宮中念經驅邪，明成祖御賜「國師府」匾額一塊，派專人護送他回家，並命地方官員適時進行慰問。因爲董賢有「逐邪功」，命爲「阿吒力僧綱司都綱」〔註7〕。

到了清代，康熙平息了吳三桂之亂後，清廷稱阿吒力教爲「非釋非道，其術足以動眾，其說足以惑人，此固盛世之亂民，王法所必禁者也。」〔註8〕將各級府衙中的阿吒力僧綱司撤銷，嚴禁阿吒力教傳播，阿吒力教從此失去了朝廷的庇護。自清代之後，阿吒力教的勢力大爲衰減，但至今在民間仍有流傳，根據張旭、楊適夫、張寬壽等人近年對劍川縣阿吒力教現狀的調查，仍有持牒阿吒力十家，類似的情況亦存在於洱源縣鳳翔鎮、大理、鶴慶等白族鄉村。在如今大理的偏僻地區，宣稱自己是阿吒力的人同樣都被當地稱爲「師主簿」，並在村莊內主持同樣的儀式，其科儀中混雜了很多民間巫術甚至道教的內容在其中。有學者在經過調研後認爲：「現今，密教阿吒力主要殘存在大理農村，但其組織、教義、儀軌等方面都發生了很大的演變，已非歷史上純正的印度密教阿吒力，而是成爲大理白族的地方民族宗教。」〔註9〕

古代文獻中對「阿吒力僧」有「非釋非道」的描述，這說明阿吒力僧雖然奉持佛教經典，「自稱如來弟子」，但與佛教僧人還是有很大區別。概括起來，阿吒力僧有幾個不同於漢地佛教僧人的明顯特點：

1. **教僧可以娶妻生子，教法傳承以家庭爲單位，以父子宗業相承方式爲主，通常有較久遠的傳承歷史。**

郭松年《大理行記》載：「師僧有妻子」〔註10〕，「師僧」即阿吒力僧，萬曆《雲南通志》卷二《大理府風俗》亦載：「阿吒力僧有家室」，可見阿吒力是在家的僧人，明顯不同於出家修行的佛教僧人。「南詔高僧國師大多是在家阿吒力，如張建成、閣皮、楊法律、楊道清、無言和尚、趙波羅等等。有密教之祖美稱的大阿吒力贊陀崛多，曾娶南詔王豐祐之妹越英公主爲妻，可知亦爲在家密僧。此習沿至明、清至民國年間，一如既往，略無改變。」〔註11〕

〔註 7〕　參考李東紅：《白族佛教密宗阿吒力教派研究》，昆明：雲南民族出版社，2000年，第29~30頁。

〔註 8〕　（清）范承勳、王繼文修：康熙《雲南通志·凡例·六》，康熙三十年刻本。

〔註 9〕　李東紅：《白族佛教密宗阿吒力教派研究》，第31~33頁。

〔註10〕　王叔武點校：《大理行記》，第23頁。

〔註11〕　王海濤：《雲南佛教史》，第101頁。

　　阿吒力僧通常是家族傳承，並且傳承的歷史久遠。明景泰三年（公元 1452 年）所立的《故大掾公同室李氏墓銘》記載了「滇密七師」之一的李畔富後人的情況。碑文中有：「公諱惠，字恩聰，姓李氏，世處蒼洱之喜□，密祖李畔富之裔。按郡志，昔蒙詔主宰斯土，選立七祖師為灌頂師，而畔富是居其一。為繼世而襲其裘，代不乏人。」說明從皮邏閣之時起，李畔富一家相繼為阿吒力至明景泰年間。即從八世紀至十世紀中葉，相沿七個多世紀。明景泰二年（公元 1452 年）立的鄧川《故考大阿拶哩段公墓誌銘》載南詔時：「觀音大士自乾竺來，率領段道超、楊法律等二十五姓之僧倫」〔註 12〕，其中段道超即其先祖，其後段氏一族「世居大理鄧川之上邑，皆修秘密法門，世不乏人」，可見這是一個相延數個世紀的阿吒力世家。現存劍川彌沙井，立於明代天順四年（公元 1460 年）的《阿吒力僧李久成墓碑並銘》說：「公姓李，諱久成，字永終，世為彌沙井之巨族。由高曾祖考世以僧業相仍，及充本井鹽課司丁之總甲。」〔註 13〕亦是僧職世代相傳。

　　同時，這些阿吒力僧人也往往積極參與國事，在南詔大理時期具有較高的社會地位。《大理行記》中記有：「師僧有妻子，然往往讀儒書，段氏而上有國家者設科選士，皆出此輩。」〔註 14〕可見阿吒力僧經常參加大理國時期的官員選拔，大理國的官員很多都出自於阿吒力世家。大理地區的碑銘也多有阿吒力世家高官輩出的記載，如大理鳳儀北湯天村董氏為阿吒力世家，其族譜所載四十三代人，有南詔、大理國敕封封號的達二十二人，沒有封號者，亦有多人擔任「世襲滇池指揮」「清平官」等要職〔註 15〕。劍川彌沙井《阿吒力僧李久成墓碑》記載其家族，「由高曾祖考世以僧業相仍，及充本井鹽課司丁之總甲。」〔註 16〕可見這位李久成即是阿吒力世家，又是世襲鹽課總甲之職。

2. 多為書香世家，文化水平較高。

　　李京《雲南志略》載「（白人）佛教甚盛，有家室者名師僧，教童子多讀佛書，少知六經者。」〔註 17〕《故考大阿拶哩段公墓誌銘》載段氏先祖「戒

〔註12〕 《白族社會歷史調查四》，第 194 頁。
〔註13〕 《白族社會歷史調查四》，第 232 頁。
〔註14〕 （元）郭松年著，王叔武點校：第 23 頁。
〔註15〕 相關考證可參考董國勝、董沛涓：《大理鳳儀北湯天董氏族譜整理及研究》，《大理文化》2005 年第六期。
〔註16〕 《白族社會歷史調查四》，第 232 頁。
〔註17〕 王叔武點校：第 87 頁。

行精嚴，道德高隆，本州島郡守段知州請爲守護僧首，命寫唐梵文經咒，號曰『才能教誨五密闍梨』。」〔註 18〕可見，作爲阿吒力僧，不僅精通漢文，亦能書寫梵文。《追爲亡人大師李珠慶神道》碑載，李氏一門爲阿吒力世家，六代人都由於精於研精繪畫之事，先後被大理國主及元大理總管賜予封號〔註 19〕。《故寶瓶長老墓誌銘》稱寶瓶長老「才通顯密陰陽地理之蘊，藝兼繪塑雕鑄之妙」。可見阿吒力家族，大多以書香傳世，普遍具有較高的文化水平。因此在大理地方文獻中，也將阿吒力僧稱爲「儒釋」或者「釋儒」。

3. 注重儀軌，行教詭異，總爲降龍致雨，驅鬼捉怪，求生送死。

史志之中關於早期阿吒力僧的記載，大多充滿神秘色彩，難以爲憑，這在上一章中已有所介紹。明清時期的文獻中，亦有不少關於當時阿吒力僧的記載，由於記錄的是當時的狀況，故有較高參考價值，現摘錄數則如下：

《故考大阿拶哩段公墓誌銘》載段公「受業於喜洲楊姓大師，興學經，廣覽密術，精通薦者，祈福禳災，亡者咸蒙濟度」；《追爲亡人大師李珠慶神道碑》載李珠慶「占卜有準，符籙通靈」〔註 20〕；景泰《雲南圖經志書》卷一載：「土人死則浴屍束縛，置方棺中，或坐或側臥，以布方幅令，有室僧名阿吒力者，書咒八字其上曰『地水風火，常樂我淨』而飾以五彩覆於棺。」〔註 21〕明《英宗實錄》載：「（阿吒力僧司綱土僧）何清等在彼結壇行法，將思任法及刀招漢父子縛槁爲人，背書名字，枷鐐刀箭，砍射驅鬼，在壇晝夜咒魘，果有青蛇花雀入壇。黃昏，神號鬼哭，後隨大軍過江殺賊，持幡行法，直至賊門，呼風止雨，佐助火攻，有驗。」〔註 22〕由上述記載可見，阿吒力教法之怪異可見一斑。

中國佛教史研究的傳統觀念認爲，密教自南詔時期傳入雲南後，形成了具有明顯土著信仰色彩的「阿吒力教」，有的學者也將其稱爲「滇密」或「白密」（即白族密宗）。以往的研究中，通常認爲阿吒力教在雲南歷史上的地位極爲重要，阿吒力教被南詔、大理兩朝所崇奉，大理建國後「所有官吏都必

〔註 18〕 《白族社會歷史調查四》，第 194 頁。

〔註 19〕 《白族社會歷史調查四》，第 126 頁。

〔註 20〕 《白族社會歷史調查四》，第 126 頁。

〔註 21〕 （明）陳文等纂修：見《續修四庫全書》第 681 冊，上海：上海古籍出版社，第 9 頁。

〔註 22〕 （明）沈德符撰：《萬曆野獲編》卷二十七「夷僧行法」條，北京：中華書局，1959 年，第 683 頁。

須是阿闍黎教徒」「阿闍黎教實際成爲大理國的國教」，直到元代以後才逐漸衰落〔註 23〕。在近現代佛教史研究中，較早提出阿吒力教概念並進行詳細考察的，首推著名歷史學家方國瑜先生（1903～1983 年），他對阿吒力教的研究成果主要體現在 1948 年刊行的《新纂雲南通志·宗教考》中。方國瑜對阿吒力教的論述要點如下：

（1）阿吒力教在唐宋時期的南詔、大理兩朝最爲盛行，「元明亦流行，至此而衰。今尚有行其術者」，然而唐宋時期關於阿吒力教的記載甚少，唐宋時阿吒力教的狀況大多要依靠元明時期的記載進行推測。

（2）阿吒力教係佛教密宗，由梵僧傳入，始於天竺僧人贊陀崛多。（「阿吒力者，瑜伽秘密宗也」，「而密教之傳入，蓋由梵僧。」「阿吒力教之說，始於贊陀崛多」）。阿吒力即梵語 Acarya 之譯音（漢譯常作「阿闍梨」），見於雲南志乘及石刻者亦作阿闍梨、阿左梨、阿佐梨、阿拶哩、阿吒力、阿吒力、阿叱喇等等。

（3）阿吒力教有居家的「阿吒力僧」，「阿吒力僧」亦在典籍中稱爲師僧，師僧有妻子，多世襲傳承，「今可考大理、賓川、鄧川、鶴慶之明代墓碑至多，稱阿吒力僧者即有家室之佛弟子。至今亦有所謂俺闍梨者，爲人祈禳，自稱曰如來弟子，此則自古以來之遺風也」。阿吒力僧多以「咒術行教，以咒術送死者」，「元明之世，阿吒力教雖衰，而送死者則奉信此教咒術，爲普遍之事實也。」

（4）阿吒力教以「大黑天」爲護法神，民間尤其敬畏，奉爲土主靈神。〔註 24〕

阿吒力教的概念提出至今，白族佛教的研究都圍繞「阿吒力教」的概念展開：

上世紀四、五十年代，鄭天挺的《鄧川訪碑記》、石鍾健的《大理喜洲訪碑記》、宋伯胤的《劍川石窟》等對阿吒力教遺跡火葬墓碑、幢、石窟雕刻作了調查和著錄，被認爲是早期阿吒力教研究的重要資料。五十年代政府開展的大規模少數民族社會歷史調查及研究成果，彙集於 1958 年雲南人民出版社出版的《大理白族自治州歷史文物調查資料》一書中。其中周泳先的《鳳儀北湯天南昭大理國以來古本經卷整理記》，對 1956 年鳳儀北湯天法藏寺發現

〔註23〕 參考杜繼文：《佛教史》，南京：江蘇人民出版社，2009 年，第 299 頁。
〔註24〕 相關整理可參考侯沖：《雲南阿吒力教綜論》，《雲南與巴蜀佛教論稿》，第 218～220 頁。

的大批阿吒作了整理分析。1978～1981 年，文物部門對大理崇聖寺千尋塔、弘聖寺塔和下關佛圖寺塔進行了實測和清理，發現了大批南詔大理以來的「阿吒力教」文物，相關清理實測結果陸續在各類專業期刊和專著中進行了報告和探討，成為阿吒力教研究的重要素材。

值得一提的是，海外對阿吒力教的研究也頗為關注，早在 1944 年 Helen B.Chapin 博士便在《哈佛亞洲研究雜誌》上發表了《雲南的觀音像》一文，刊登了七幅《南昭圖傳》的照片及部分「阿嵯耶觀音像」，自此「阿吒力教」研究受到海外關注。一九四七年，Walter Liebenthal 發表了《雲南梵文銘刻和重要的塔的建立年代》一文，載於輔仁大學《華裔學誌》第七卷；1963 年，臺灣學者李霖燦在臺灣中央研究院民族學研究專刊之九上發表《南詔大理國新資料的綜合研究》一文，對《南詔團傳》、《張勝溫畫卷及》「維摩詰經」等阿吒力教文物作了介紹和研究，1991 年，臺灣佛光出版社還出版了《雲南大理佛教論文集》，彙集了海峽兩岸學者研究阿吒力教的論文二十餘篇，是研究阿吒力教的重要文獻資料〔註25〕。

縱觀以往阿吒力教研究，雖說取得不少可喜的成果，但對南詔大理佛教文物、文獻資料的分析研究，大多以方國瑜先生提出的「阿吒力教」概念為基本框架，然而這個框架的許多概念十分籠統，若依照這個框架深入分析雲南的宗教現象時，會發現有如進入泥潭沼澤一般舉步維艱，在筆者看來，「阿吒力教」這一概念難以概括文物資料及歷史文獻所呈現出的複雜事實。

例如，早在方國瑜先生的研究中，就將「大黑天」視為阿吒力教的主要神祇，並將這一現象作為「阿吒力教」源自密教的重要證據。「大黑天」在滇中地區的民間信仰中確有重要地位，許多地區都將其視為土主靈神，但這種民間信仰是否與佛教或密教有淵源關係？能否把白族民間信仰與南詔大理時期的官方信仰混為一談？這都是值得探討的問題。

再如，阿嵯耶觀音被很多學者視為阿吒力教的重要標誌，阿嵯耶觀音確是白族佛教獨有的佛像造型，但並無證據表明這一造型與密教有任何關係。

再如，白族佛教研究經常涉及的《南詔圖傳》、《張勝溫畫梵像卷》、劍川石窟、白族地區的火葬傳統等等，都被視為阿吒力教研究的重要組成部分，但這些內容是否與阿吒力教有實質性聯繫？能否把白族佛教乃至白族民間信仰，都簡單的等同於阿吒力教？

〔註25〕 李東紅：《白族佛教密宗阿吒力教派研究》，第 5～13 頁。

由於學界往往認爲阿吒力教是南詔、大理佛教的主流，對南詔大理佛教史以及白族文化的研究，如大理地區佛教文物的研究、南詔大理時期佛教建築、雕刻、繪畫藝術的研究，雲南古本經卷的研究，雲南火葬習俗的研究等等，都冠以阿吒力教之名，又由於認爲「阿吒力教」是密教的分支，於是學者們往往試圖從密教的角度解釋大理地區的宗教現象。但筆者認爲，「阿吒力教」這一概念的思想框架本身是有問題的，甚至從後來發現的一系列資料來看，很多東西並不符合史實，基本框架的偏差必然會帶來雲南宗教史乃至雲南歷史研究的誤區，這導致南詔、大理佛教研究中很多問題懸而難決，從不同資料得出的結論往往難以相互調和。如李東紅先生中所言：「鑒於目前所見的研究成果，主要爲半個多世紀以來發現和刊布的文物、文獻及民族學調查材料。對阿吒力教的理解和闡釋也不盡令人滿意，有的甚至出現明顯的偏差和錯誤。作爲一個獨具特色的密宗宗派，阿吒力教有什麼特點？與其他密宗宗派有何異同之處？這些問題至今仍很模糊」。〔註26〕

對阿吒力教的質疑，並非筆者突發奇想，近年在阿吒力教的研究中興起一種觀點，認爲南詔大理歷史上並未存在過所謂阿吒力教。首倡這一觀點的是侯沖先生，侯沖先生經過長期艱苦的努力，收集到大量阿吒力教的典籍，在充分佔有資料的基礎上，提出阿吒力教並非前人所謂的密教，而是在明初教、禪、講分離政策下出現並遷移到雲南的教派的殘餘。「所謂滇密，其實並不是眞實的存在。可以肯定地說，雲南歷史上從來就沒有存在過所謂的滇密。元代及其以前的阿左梨所傳爲漢地佛教，而明代才出現的阿吒力教就是明代佛教三分時在雲南傳播的『教』。雲南史志中明代才出現的阿吒力等詞，是教僧對明代以前雲南歷史上的阿左梨一詞的附會」。〔註27〕對侯沖先生的觀點，筆者也認爲阿吒力教可能並非密教。從文獻資料分析，阿吒力教並非元明時期才傳入，而有著長期的傳承歷史，只不過元明以後來自漢地的「應赴僧」也自稱爲阿吒力，或者原先的阿吒力吸收了大量漢地佛教的內容，從而使面貌發生了根本性的變化。

不過，筆者還認爲，佛教並非對大理地區產生深刻影響的唯一印度宗教，事實上在南詔政權早期，婆羅門教應已經具有了較高地位，所謂「阿吒力僧」，也可能是婆羅門祭司本土化的結果，因此「阿吒力教」的起源與婆羅門教也許

〔註26〕見《白族佛教密宗阿吒力教派研究》，第 12 頁。
〔註27〕侯沖：《中國有無「滇密」的探討》，收入《雲南與巴蜀佛教論稿》，第 268 頁。

會有一定的關係。但由於大理國大力推崇佛教，原先的婆羅門教逐漸被佛化，最終與佛教混同。南詔大理時期的佛教受漢傳佛教的影響最深刻，密教的影響甚微，直到元代由於蒙古人入侵，大理佛教才逐步吸收了密教文化，這一時期阿吒力僧的儀軌中又吸收了大量雜密的內容，因此被後世誤認爲是密教。

第二節　從大理古本經卷看密宗在大理時期的影響

　　阿吒力教一直被學界視爲密教的分支，但此說十分值得懷疑。侯沖先生在《中國有無「滇密」的探討》等文章中，從印僧在雲南佛教史上影響甚微，在雲南佛教史上有影響的印僧並不多，阿吒力所傳爲漢地佛教等角度，論述了南詔、大理時期的佛教並非密教。

　　南詔大理時期佛教的教派屬性問題，對於研究「阿吒力教」的起源、南詔大理時期的宗教狀況等問題有重要意義。大理時期古本寫經是研究大理國佛教狀況的重要文獻，筆者分析這些文獻的篇目時注意到，經卷的內容廣泛涉及唐宋時期盛行的華嚴、天台、唯識、禪宗等宗派經典，密宗經典的地位並不突出，並且只出現了漢地佛教的「雜密」部分，並未涉及唐代「純密」的內容。由此可以判斷大理國時期的佛教主要是受到唐宋時期漢地佛教影響，對諸宗採取了兼容並包的態度，密宗並沒有特殊地位，故將南詔大理時期佛教視爲密教的觀點並不可取。

　　南詔大理抄寫的經書在漢地頗爲有名，《桂海虞衡志》載「乾道癸巳（1173）冬，忽有大理人李觀音得、董六斤黑、張般若師等，率以三字爲名，凡二十三人，至橫山議市馬……其人皆有禮儀。擎誦佛書，碧紙金銀字相間。邕人得其《大悲經》，稱爲『坦綽趙般若宗祈禳目疾而書。』」〔註28〕近代，大理國抄寫的經書在內地時有發現，如1925年羅振玉就在天津見到大國王段正嚴時寫的《維摩詰經》一卷，是「佛頂寺主僧尹輝富監造」。在大理地區，南詔大理時期的古本經卷亦時有發現，成爲白族佛教研究的重要資料。抗日戰爭期間，吳乾就在大理發現《龍關趙氏族譜》一部，背面有大理國段智祥時寫的《大般若波羅密多心經》，附有「大理國灌頂大阿左梨趙泰升敬造《大般若經》一部」，從題記看造經時間應爲1223年。

〔註28〕齊治平校補：《桂海虞衡志校補》，南寧：廣西民族出版社，1984年，第48～49頁。

　　「鳳儀北湯天法藏寺古本經卷」的發現是白族佛教研究的一件大事，1958年雲南少數民族社會歷史調查組在鳳儀北湯天董氏法藏寺的牆壁中發現兩大櫃古本經卷，共約三千冊。其中大多數是南宋至明初湖州、平江、杭州等地的《藏經》刻本，亦有元代和明初雲南白族刊刻的佛經共二百八十餘冊。而這批經卷其中亦有南詔晚期和大理國時期的寫本經卷二十多卷、大理國時期抄寫的梵文經卷三冊、明初傳抄南詔大理國時期經典約十冊。這些抄寫的經卷對於研究南詔大理時期的佛教價值最爲重大。七、八十年代，對大理崇聖寺千尋塔、弘聖寺塔、下關佛圖塔的清理過程中，先後發現了一批塔藏經卷，從現有材料推測，修葺佛塔之時放入大量的經卷，這是大理地區的一個慣例。這批文物是繼法藏寺出土大批經卷之後的又一次重要發現。

　　這些經卷中，南詔晚期及大理時期抄寫的經卷，以及元明僧人抄錄的大理時期寫本，對研究南詔大理佛教的價值最大，臺灣藍吉富先生對所見的這類經捲進行了綜合研究，把這些經卷分爲密、顯宗兩類，排列如次：
密宗類十種：
（1）《通用啓請儀軌》（一卷），《海會八明四種化現歌贊》（一卷），宋大理國寫本。漢、梵、白文相雜。
（2）《受金剛大灌頂法淨壇內守護聖》，寫本。李考友氏判定爲大理國時代所寫。
（3）《大威德經》，宋大理國本寫。
（4）《金剛大灌頂道場儀》，寫本，年代不詳。
（5）《金剛薩埵火甕壇受灌頂》，寫本，年代不詳。
（6）《大灌頂儀》，宋大理國摩伽國三藏那屈多譯，大理國寫本。漢、梵、白文相間雜，卷數不詳。
（7）《佛說灌頂藥師經疏》（十二卷），東晉帛尸梨密多羅譯。宋·大理國佚名白文注。大理國寫本，存一卷。
（8）《光明啓請散食浴像口囑白金剛小稽請》（一卷），宋大理國釋楊義隆造。南宋紹興寫本，梵文、白文批點。
（9）《息災觸淨食次難咒棺啓請》（一卷），宋大理國阿吒力僧人王德彰錄，南宋寫本。卷前、後均署有「國師灌頂大阿左梨王德彰」字樣。
（10）《楞嚴解冤釋結道場儀》（三卷），明阿吒力僧祖照撰。

顯宗類二十四種三十三部：

（1）《護國司南鈔》（五卷），唐南詔釋玄鑒集，南詔安國聖治六年（公元八九
　　　四年）寫本。是天台智顗《仁王護國般若經疏》的注釋書。

（2）《仁王護國般若經》（二卷），殘卷，宋大理國佚名白文注，大理國寫本。

（3）《大盤若經》（六百卷），宋大理國灌頂大阿左梨趙泰升寫本。殘存四十一
　　　卷。

（4）《千佛名經》（三卷），明宣德二年（公元一四二七年）刊本。為明代大理
　　　妙蓮庵釋廣品所刻。

（5）《八十華嚴》，六種。宋代寫本一種，其餘皆為明代刻本。

（6）《法華經》，四種。皆為明代之刊本或寫本。

（7）《金剛經》，宋大理國寫本，共三種。

（8）《華嚴經（澄觀）疏》，宋大理寫本。

（9）《金剛慧解分疏圈點》、《金剛慧解》，清高奣映撰。為《金剛經》之注釋
　　　書。

（10）《金光明經》，明雲南太和李知沂刻本。

（11）《金光明經疏》唐南詔佚名集。宋大理國寫本。

（12）《藥師經》，宋大理國寫本。

（13）《圓覺經》，宋大理國寫本。

（14）《圓覺經疏》，宋大理國寫本。背面另寫大黑天神及白姐聖妃等賀儀。

（15）《楞嚴經》，宋大理國寫本。

（16）《壇經》，明大理寫本。

（17）《慈悲道場梁皇懺法》，雲南麗江刻本，年代不詳。

（18）《萬佛洪名慈悲道場懺法》，明末刻本。

（19）《禮佛懺悔文》，宋大理國寫本，白文批註，殘卷。

（20）《大華嚴方廣普賢滅罪稱讚佛名寶懺》，元自周集，滇刻本，殘卷。

（21）《三壇外集》，清道光二十七年，淨泰錄。

（22）《大悲經》，宋大理國寫本。

（23）《般若經》，宋大理國寫本。

（24）《唯識論疏》，宋大理國寫本。〔註29〕

〔註29〕藍吉富：《阿吒力教與密教——依現存之大理古代文物所作的考察》見 http://
　　　www.wuys.com/news/article_show.asp?articleid=9272。

　　從藍吉富先生對古本經卷的整理結果來看，大理佛教的經典皆來自於漢地譯本，雖說大理僧人對來自漢地的佛經有所注疏詮釋，但並未形成自己的經卷體系。在顯密二宗的影響力上，顯宗的影響明顯大於密宗，而密宗經卷涉及的內容多數爲灌頂、啓請做法時所用之儀軌，屬於講求息災除障祈福的雜密法門，與唐密、藏密、東密等所倡導的純密法門相去甚遠。從數量來看，藍吉富整理的經卷目錄中，顯宗經卷的數量（二十四種三十三部）遠多於密宗（十種），況且涉及佛教義理的經卷大多數是顯宗典籍，唐宋時期盛行的華嚴、天台、唯識、禪宗等宗經典皆有涉及。密宗十種經卷中，只有《大威德經》《灌頂藥師經疏》涉及密教義理及藥師佛功德，其餘八部是應一般法會（如灌頂、息災、喪事等）而設的儀軌，並不是比較深度的修行儀軌。這些內容都屬於講求息災除障祈福的雜密法門。

　　由此可以看出，大理時期佛教是以顯宗爲主，輔以密宗。考慮到南詔大理佛教受到漢地佛教的深刻影響，唐代佛教對南詔的影響尤重，唐代密宗與華嚴、天台、唯識、禪宗等諸宗並行，雖說在大理古本經卷中發現一定數量的密宗經卷，但絲毫不能說明密宗有獨特地位，因爲大理古本經卷中同時也有大量其他宗派典籍，這說明南詔大理佛教對漢地諸宗諸派的態度是兼收並蓄，並未對密宗有所青睞。相反，古本經卷中出現的內容都屬於密宗最初級的雜密內容，與唐代盛行一時的「純密」還有相當大的距離。另外，這些經卷中，受到禪宗重視的《金剛經》、《楞嚴經》、《圓覺經》、《般若經》、《壇經》等經典爲數眾多，宋代大理國工張勝溫所繪《梵像卷》也描繪了眾多禪宗人物，由此分析，禪宗有可能才是大理佛教中影響最大的宗派。《梵像卷》中看不到密教大興的蹤影，雖有部分密教明王畫像，應該只是續唐宋時期密宗之餘緒而已。

　　因此將「阿吒力教」視爲密教分支，並認爲「所有官吏都必須是阿闍黎教徒」「阿闍黎教實際成爲大理國的國教」等觀點的確有些難以成立。

第三節　對阿吒力教傳入時間的討論

　　學界對於阿吒力教傳入洱海地區的時間有三種觀點，即南詔早期、南詔中期及元明時期，筆者認爲阿吒力教傳入的時間對於判別阿吒力教的宗教屬性有重要意義，故需要對此問題進行深入分析。其中，侯沖先生的「元明時

期」一說目前在學界影響最大，而且掌握的素材最為充分，但筆者認為有許
多需要澄清的地方，故在此多著筆墨。

在元明時期的碑文之中，大多記載了阿吒力教興起於南詔初期，由「梵
僧觀音」傳授給「滇密七師」，然後在南詔大興，這在上一章已經進行了詳細
介紹，不再贅述。同時，又有很多史志文獻都將勸豐祐時期的印度僧人贊陀
崛多視為阿吒力教鼻祖，然而此說頗值得懷疑，阿吒力教顯然與南詔早期的
「國師」傳統有關，從《董氏族譜》來看，族譜中十餘人被封為國師，其中
第一世、二世、四世祖都生活在勸豐祐時期以前，其他文獻中記載的國師，
如楊法律、段道超、李畔富等，也都生活在勸豐祐時期以前，都有阿吒力世
家將其奉為先祖。另外《董氏族譜》中，從勸豐祐時期開始的五代人都沒有
宗教封號，直到大理國建國之後，董氏又才被重新封為國師，延綿數代，可
見勸豐祐大興佛教之後，阿吒力世家的地位非但沒有被提高，反而被削弱，
足見勸豐祐崇奉的佛教信仰與阿吒力教並無關係。

侯沖先生整理了大理地區遺留下來的，由當地「阿吒力」奉持的阿吒力
經典，大理地區的阿吒力僧和昆明地區的應赴僧在做法事時，仍在使用這批
經典。對這批經典進行考察後，侯沖先生得出結論：這些經典其實都是從中
原內地傳來雲南的漢地佛教經典，其中的《楞嚴科》和《報恩科》等科儀甚
至還保存了宋代著名僧人著述的部分佚文，而《銷釋金剛經科儀》至今在內
地仍存有古本，因此這些經典不是從印度直接傳來大理或從西藏傳來雲南的
佛教典籍，也不是有雲南特色的滇密或白密的佛教經典，而是漢地佛教經典。
在他看來，所謂「阿吒力教」，指的是明初傳入雲南後，在雲南大理、昆明等
地流傳的佛教中的「應赴僧」或「應佛僧」，應赴僧以經懺科儀做法事為主要
佛事活動，法事為齋主超度亡人，薦祓魂靈，替多災病的人家祈祥消災等。
明洪武時期曾將佛教三分為禪、講、教，其中「禪」以不立文字、明心見性
為本宗，「講」則在於闡明諸經旨義，而「教」則「為孝子順孫慎終追遠之道，
人民州里之間祈禳伸請之用」，是密教傳入中國後在唐宋時期與包括道教在內
的中國傳統文化及佛教顯宗結合的產物。「『教』傳入雲南後發展迅速，且有
相當大的影響。儘管其科儀在明初被統一和規範過，但從其行實來看，與南
詔大理至元在雲南都有相當影響的傳統漢地佛教的阿左梨有某些共同之處，
即都使用有漢譯密教真言的科儀。阿左梨可以說是未經統一整頓過的『教』，
而阿吒力則在明初被整頓過。由於又都使用漢譯密教真言這一切合點，明朝

初年《白古通記》成書時，其編撰者參附神話傳說甚至附會佛經杜撰傳說杜撰史事，將大理本土民族說成是有印度血統的九隆族之裔，將大理說成是佛教妙香古國，舊在天竺幅員內，並進而將教與印度密教聯繫起來，稱阿吒力僧最初爲觀音大士所選，阿吒力所傳習爲印僧贊陀崛多闡揚的瑜伽密教。由於《白古通記》成書後，在明清時期有較大的影響，所以後來一些教僧也逐漸自稱或被稱爲「阿拶哩」、『阿吒力』、『阿吒力』等，並一直相沿至今。這是教僧傳到雲南後在名稱上的變化」〔註30〕。

筆者認爲，侯沖先生的考證立足於豐富的第一手資料，結論可靠，不過這個結論只能說明：明清時期開始，「阿吒力僧」的概念被泛化，一些並非出自於「阿吒力」世家的「應赴僧」，也自稱爲「阿吒力」，使得「阿吒力」的概念變得混亂，近現代自稱「阿吒力」的僧人，其實很多已經和大理及元明時期所言之「阿吒力」有很大差異。正如前一節所論述的那樣，在南詔、大理國歷史上確實存在過一種特殊的僧人，他們有妻室、有悠久家族傳承歷史、書香傳世並且積極參與國事，同時又從事降龍致雨、驅鬼捉怪、求生送死等祈祝活動。這些結論是在元明時期乃至更早的文獻資料基礎上建立起來的，如大理時期寫經中已經多次出現「阿左梨」字樣，元代郭松年《大理行記》已經有對「師僧」的詳細描述，大理地區元代的碑銘中也多有對阿吒力僧的記載，因此元明時期所指的「阿吒力」僧不可能是明代才興起的「應赴僧」，只不過明清以後，「阿吒力僧」這個詞的含義可能發生了變化，亦或傳統的阿吒力僧也吸收了漢地佛教的科儀，逐漸與應赴僧混爲了一流。

阿吒力教傳入的時間，對於判別阿吒力教的宗教屬性有重要意義，如果「元明時期說」或者「南詔中期說」成立，那麼阿吒力教是佛教的分支無疑；如果「南詔早期說」成立，這一時期多種宗教並存，並且後來興起的佛教信仰明顯與原先的王室信仰有過衝突，那麼阿吒力教就可能並非是單純的佛教。需要說明的是，按照董氏阿吒力世家的族譜分析，其第一代先祖應當是南詔初期的印度僧人，這進一步印證了阿吒力教在南詔初期已經傳入，筆者認爲這一份文獻資料的可靠性較高，值得重視。在下一節中，筆者就將對《董氏族譜》進行深入分析，從中可以找到支持「南詔早期說」的許多證據，並且可以找到研究南詔大理國宗教演變情況的大量重要線索。

〔註30〕侯沖：《雲南阿吒力教經典研究》，第333～353頁。

第四節　從《董氏族譜》宗教封號看南詔宗教的演變

　　雲南省大理市鳳儀鎮東南北湯天村以董姓爲主，有董姓的祠堂，又名「國師府」。還有法藏寺，又名「金鑾寶刹」，始建於明朝洪武二十五年（1392年），此兩處寺廟已列爲雲南省重點文物保護單位。法藏寺存有十幾通石碑，族譜碑、《董氏本音圖略敘》等原存於寺，有幾通是文革後於斷牆溝壑中搜得。〔註31〕

　　「董氏族譜碑」是以碑文形式較完整地記載了從唐代的董伽羅尤開始的四十二代世系，碑文共四塊，皆大理石刻，每塊約一平方米，其中最早的一塊董氏族譜碑是明永樂年間的董賢所刻，董賢爲二十四世祖，因此二十三世以後的譜碑都是後人增刻。除北湯天村外，還有鶴慶、喜洲、雲龍石門等地亦有董氏族譜，它們之間互有關聯，應當是北湯村董氏的分支所立，幾份族譜相互參照，是研究白族歷史極爲珍貴的資料。

　　碑中部分董氏先祖的名字與事蹟在史志之中有記載，故可以大致分析出各代先祖對應的時間階段：

　　董成爲南詔清平官，唐懿宗咸通元年朝唐時，見成都節度使李福，不願「拜伏於庭」，被囚。直至唐咸通七年（866年）才回國。該事件多種史書皆有記載，而北湯天碑文中卻缺失，鶴慶宗譜碑中則有「疋生董成。爲蒙木氏十一主景莊皇帝清平官」，「董成者，董眉聚之長子董丈疋之回子」。北湯天董氏族譜碑記載輔助段思平的軍師爲九世祖董普明，但《南詔野史》等皆載爲董伽羅。鶴慶董氏家譜碑以一句「生子普明，號伽羅」，說明了董普明和董伽羅實爲一人。二十三世祖董量爲元朝開國時人，當元軍至漏邑時，「四圍昏暗，寸步難行，暗中忽現一老人曰：『前乃佛國，王若止殺封刀，自然得進。』老人即量也」。可見第六祖生活在勸豐祐、世隆時期（九世紀中葉），第九祖生活在大理國建國前後，段思平建立大理國的時間爲公元937年，按常理推之，董氏一世祖董伽羅尤應當與六世祖生活年代至少相差一個世紀，應當生活八世紀中葉以前，當地傳說一世祖董伽羅尤曾協助閣羅鳳贏得天寶戰爭（742～756年），與傳說相去不遠，而二十三世祖應該是元初之人。

〔註31〕相關整理可參考董國勝、董沛涓：《大理鳳儀北湯天董氏族譜整理及研究》一文。筆者在這一節所使用的文獻均來自此文，特此說明。

梳理清楚族譜對應的年代後，筆者發現，董氏族譜中對歷代先祖封號的記載，透露出了南詔大理時期宗教狀況的大量重要信息。現將董氏族譜碑有宗教職務者列如下：

　　敕封陰陽變理仙術神功天童國師仙胎始祖董伽羅尤

　　敕賜追冊慧光王二世祖董三廓

　　敕封無量神功國師四世祖董眉聚

　　敕封神功濟世護國國師九世祖董普明

　　敕封神驗如日衛國國師十世祖董明祥

　　敕封梵業崇廣育國國師十一世祖董詳義

　　敕封補天神驗佐國聖師十二世祖董祥福

　　敕封神通妙化衛國真人十三世祖董義明

　　敕封道弘濟世保合國師十四世祖董明連

　　敕封享天帝之鳳歷大阿左十五世祖董連福

　　敕封道濟無方通天國師十五世祖董連義

　　敕封凝心妙理恩聯門師十八世祖董明壽

　　敕封五密棟樑大神通二十世祖董森

　　敕封缽蓮列水大法師二十一世祖董有福

　　敕命開國元勳順應國師二十二世祖董量

　　敕封法通顯密鎮魔大阿左二十三世祖董護

　　敕封伏魔衛正神通五密大我國師二十四世祖董賢

　　敕封灌頂國師二十五世祖董金剛壽

　　敕封世襲大理府都綱二十五世祖董法華鏽

　　敕封世襲大理府都綱司二十六世祖董榮

　　旌表禱禳神驗法回師二十六世祖董文殊福

　　敕封世襲趙州法回官二十六世祖董茂

　　世襲法官二十六世祖董金剛田

　　旌表濟渡無方善人二十六世祖董隨求銘

　　世襲都綱司都綱二十六世祖董芳

　　敕封灌頂國師二十七世祖董焰慧智

我們可以把這些封號按一世、二世和四世、九世到十二世、十四世到二十三世、二十四世以後分為四組，這四組的封號各有不同特色。

　　第一組的封號「陰陽燮理仙術神功天童國師仙胎」、「無量神功」都有明顯的道教色彩。九世祖到十二世的封號難以辨認宗教屬性，「神通妙化衛國眞人」應當是道教封號，「梵業崇廣」頗有佛教或婆羅門教的色彩，而且這一時期的封號有個特點，就是「護國」、「衛國」、「育國」、「佐國」等，這些都與鞏固政權有關，這應當與段氏奪取政權後的政治需要有關。

　　這裡需要特別注意的是，在四世祖到九世祖之間的四代人是沒有宗教封號的，這四代人的封號除五世祖爲「世襲滇池指揮」外，其他幾代都是「清平官」，是世俗官職，其中六世祖董成生活在勸豐祐、世隆時期，因此五世祖的封號應該是勸豐祐時期敕封的，前面我們論證過，南詔正是從勸豐祐開始大興佛教，之前南詔王室崇奉的可能是西洱河神信仰，而且勸豐祐有過「捨雙南之魚金」的廢除先前信仰的舉動，而世隆更是狂熱的信奉佛教。這四代人的宗教封號的空白期透露出幾個重要的信息：

（1）勸豐祐大興佛教之後，便廢除了原先的國師制度，其實這也進一步印證了佛教成爲南詔國教是勸豐祐時期的事情。

（2）以往的國師並非佛教信徒，如果是佛教信徒的話，大興佛教之時，國師的地位應該有所提高，而不是被廢除。

（3）段思平奪取政權之後恢復了先前的國師制度，這說明早期的信仰儘管已經被廢除，但在社會上還是很有影響力，段氏需要借助這一信仰的力量鞏固政權。

　　筆者認爲，《南詔圖傳》與《董氏宗譜》相互參照而得出的上述結論，其文獻基礎是可靠的，並且兩份文獻體現出的內容在時間上吻合，可以相互印證，這些推論也都是以往雲南佛教研究中未曾注意到的現象，所以期望這些觀點能引起學界的重視。還需要說明的是，雖然南詔早期和大理國早期的宗教封號有道教特徵，如「陰陽燮理仙術神功天童國師仙胎」、「神通妙化衛國眞人」，但不排除這樣的可能：這些國師本身是婆羅門僧，但在以漢語爲官方語言的環境中，沒有適合表達婆羅門教概念的詞彙，故不得不借用道教的名詞來替代。

　　這個結論可以從董氏一世祖的名字找到證據，一世祖的名字叫董伽羅尤，以往學者都認爲這是冠姓雙名，即以姓＋佛號＋名的形式來表達當地人對佛教的崇奉。但這個觀點非常值得懷疑，縱觀董氏族譜，除了一世祖之外，董氏先祖採用了冠姓雙名的列表如下：

　　二十五世祖　董金剛壽

　　二十五世祖　董善積勳

　　二十五世祖　董金剛梁

　　二十五世祖　董法華鏞

　　二十六世祖　董文殊福

　　二十六世祖　董金剛田

　　二十六世祖　董隨求銘

　　二十六世祖　董隨求寶

　　二十七世祖　董焰慧智

　　二十七世祖　董大藏林

　　二十七世祖　董普法照

　　我們看到，採用「冠姓雙名」的全部在二十五世祖以後，可見從唐到明的數百年間，都不存在「冠姓雙名製」，因此「董伽羅尤」不可能是「董」＋「伽羅」＋「尤」，故「伽羅尤」應是一世祖的全名，這是一個具有印度色彩的名字，考慮到南詔初期有大量印度僧人在洱海地區活動，因此可以推測董伽羅尤可能是印度人，來到南詔後入鄉隨俗，冠以董姓。

　　從《董氏族譜》上記載的董伽羅尤傳說也可以進一步印證上述觀點：「始祖仙胎伽羅尤，系出大唐，生於洱海東巖上草茅中，仙鸞覆育。漁翁至其下，仙鸞騰起，有哭聲響徹雲霄，漁者攀巖而上，見一孩提攜取撫養。齠齓之年，雋異超倫，復至生處，得經書法寶，一目無疑，通秘密關精，單伽妙經濟才雄，神術無方，年至十五，蒙氏聞其神，召漁翁引見，奏其原。曰：草裏生一天童，誠神人矣，童上添草，乃董字，故以董爲姓，拜爲國師」從這段記載也可以看出，伽羅尤是其全名，而且從「得經書法寶，一目無疑，通秘密關精，單伽妙經濟才雄，神術無方」一段文字來看，充滿了神話色彩，但並不像一個佛教的修道故事。由此推測，伽羅尤可能一名術士或者道士，但未必一定是佛教僧人。綜上，一世祖的封號是一個具有道教色彩的封號，而他的名字是具有印度色彩的名字，由此可以推測董伽羅尤奉持的宗教很可能是婆羅門教而非佛教，由於漢語環境中缺少婆羅門教的詞彙，於是封號中借用了道教詞彙來表達婆羅門教的內涵。

　　事實上，婆羅門教與道教在歷史上是有交集的，道教中被後世推爲「眾經之祖」的《靈寶無量度人上品妙經》中以大梵爲主神，宇宙經歷劫運的演

化圖景，元始天尊開劫度人等內容，都直接來自婆羅門教，或是從中引申、訛變而成。其中『大梵隱語』之類對諸天的讚美之辭，譯自婆羅門教經典，但經過了濃縮改寫」，道教的宇宙觀和吠陀的創世論確有很多共同之處，有些道教經典也把道教的「道」稱爲「大梵」。〔註32〕而在隋唐時期，文獻中也把婆羅門教稱爲「道」，如《隋書》卷八十二《眞臘傳》載其國：「城東有神名婆多利，祭用人肉，其王年別殺人，以夜祀禱，亦有守衛者千人，其敬鬼如此。多奉佛法，尤信道士，佛及道士並立像於館。」〔註33〕可見隋唐時期有把婆羅門教用道教語言進行描繪的傳統，再如《眞臘風土記》記載：「而道教者亦不如僧教之盛耳。所供無別像，但止一塊石，如中國社壇中之石耳，亦不知其何所祖也。卻有女道士。宮觀亦得用瓦，八思惟不食他人之食，亦不令人見食，亦不飲酒，不曾見其誦經及與人功果之事，俗之小兒入學者皆先就僧家教習，暨長而還俗，其詳莫能考也。」〔註34〕這裡所指「道教」指的也是婆羅門教，筆者認爲，「道教」寺院供奉「但止一塊石」，恐怕指的就是柬埔寨婆羅門教寺院中十分常見的林伽石。由此可以進一步證明，雖說南詔大理國師封號中使用了道教詞匯，但奉持的可能是婆羅門教。

《董氏族譜》的宗教封號除了反映出南詔及大理國早期的宗教狀況外，我們可以看到從十五世到二十二世、二十三世以後（下文稱爲第三組、第四組），這兩組封號也有各自的特色。在一、二兩組封號中，都沒有出現具有明顯佛教特點的封號，而在第三組中，不僅出現了「大阿左」的稱號，也出現了諸如「凝心妙理」、「五密棟樑大神通」、「鉢蓮列水」這樣典型的佛教詞匯，這說明從大理國中期開始，國師們原來奉持的信仰逐漸被淡化或者佛化，以國師爲代表的信徒群體逐漸接受了佛教信仰，在大理國中期，兩種信仰發生了融合。但第三組封號與第四組封號又有明顯不同，第四組出現了「通顯密鎭魔」、「伏魔衛正神通五密大我」、「灌頂國師」這樣明顯具有密教特色的詞

〔註32〕 相關考證可參考黃心川：《印度教在中國的傳播和影響》，《宗教學研究》1996年第三期，第79～80頁。
〔註33〕 （唐）魏徵等撰：中華書局標點本，第1836頁。
〔註34〕 （元）周達觀著，夏鼐點校：第95頁。按照夏鼐先生的注釋，周達觀到達眞臘時所傳播的印度教可能爲婆羅門教濕婆派發展而成。但也有學者認爲此處石信仰的教派是伊斯蘭教，但夏鼐先生認爲此說有誤，「麥加以外之所有清眞寺皆不聞有供奉一石之事，而『占白尼』和『八思維』二者音迥異。」所謂「占」指的占人，「白泥」指的是伊斯蘭教弟子。可見，夏鼐先生的觀點是很有道理的，而此處的石信仰恐怕也應該屬於婆羅門教信仰的範疇。

匯，而第二十二世祖、二十三世祖正好處於大理國被元征服的時期，故二十二世祖的封號中有「開國元勳」字樣，這說明蒙古人進入雲南後，把他們信仰的藏傳佛教帶入了雲南，對雲南的本土信仰也發生了重要影響。

總之，對《董氏族譜》宗教封號的分析，我們可以看到南詔大理的宗教信仰的演變作出這樣的推測：南詔初期，婆羅門信仰從印度傳入，爲王室所崇奉，帶入婆羅門信仰的僧人被封爲國師；到了勸豐祐、世隆時期，開始大力推崇佛教，原先的王室信仰被廢除，冊封婆羅門國師的傳統也被中止；到大理國建國之時，爲了鞏固政權，冊封婆羅門國師的傳統又被恢復；到了大理國中期，以國師爲代表的婆羅門教徒逐漸被佛化，接受了佛教信仰；大理國滅亡之後，蒙古人信奉的藏傳佛教又傳入雲南，混雜了婆羅門教元素的大理佛教，又進一步加入了藏密文化的成分。

第五節　論「阿吒力僧」實爲婆羅門僧

上一節中，筆者提出由「董伽羅尤」傳入南詔的是婆羅門教，事實上，世襲傳承的阿吒力僧，很多特徵都更像是婆羅門祭司，而非密教僧人。理由如下：

1. 元代碑記中，將南詔時期幾個重要的「國師」均稱爲婆羅門僧。

如元元統甲戌（公元 1334 年）《故正直恭謙和尚墓碑銘並敘》載閣皮和尚即婆羅門僧：「南詔歸義王皮羅閣之嫡男蒙閣皮，厭俗而薙。於時，公卿子弟、泊士民之俊秀從之遊者以千數。咸曰：『王子仁人也』。同日□□五百餘人，舉國追慕不已。詔曰：『乾竺婆羅門僧，求佛而在家者也』。」〔註35〕大理喜洲弘圭山明成化二十一年（公元 1485 年）《楊宗碑》：「公諱宗，喜郡寺下婆羅門僧□也，蒙氏之時始祖以秘密教名於世……孝恆王，（蒙異牟尋）而稱其號曰『宣峰』，統領諸僧。」〔註36〕。還如，楊法律和李畔富都是南詔時期的國師，明代《故寶瓶長老墓誌銘》載：「開元初（714 年），楊法律運用妙用取佛舍利置於班山塔，即其始祖也。傳至大容、仲容、小容，俱精秘術。」〔註37〕明成化十七年《醫師楊奴碑》載：「蒙段繼守斯土，舉其始祖楊法律爲

〔註35〕《白族社會歷史調查四》，第 107 頁。
〔註36〕轉引自張錫祿：《大理白族佛教密宗的特點及其在國際佛教界的影響》，見《南詔大理歷史文化國際學術討論會論文集》，第 332 頁。
〔註37〕《白族社會歷史調查四》，第 239 頁。

國師，曾祖楊正保爲醫官」。〔註38〕從上面的材料可看出，南詔早期的國師是
婆羅門僧，是有可靠依據的。

2. 古代文獻中常常將阿吒力僧稱爲「儒釋」或「釋儒」，而婆羅門僧的特點與儒生有相似之處。

　　昆明地藏寺經幢《造幢記》的題記有：「皇都大佛頂寺都知、天下四部
眾洞明、儒釋、慈濟大師、段進全述。」〔註39〕《大理國上國公高榆（足）
城光再建弄棟華府陽派郡興寶寺德化銘並序》和《褒州陽派縣稽肅靈峰明
帝記》的作者，其結銜是「皇都崇聖寺團侍郎、賞米黃繡手披、釋儒、才
照僧錄闍梨。」〔註40〕可見阿吒力僧亦被稱爲「儒釋」或「釋儒」，他們是
兼通兩教的僧人。如果對比婆羅門教和儒教，會發現二者有很多共通之處。
首先，婆羅門教以「祭祀萬能」爲基本綱領，而儒教也非常重視祭祀，儒
家就起源於春秋時代從事國家祭祀禮儀專職人員，孔子年少之時就以模倣
祭祀活動爲遊戲，「常陳俎豆，設禮容」，當時的人就認爲孔子年少好禮，
必是賢達之人；其次，婆羅門教高度重視的「達摩」（Dharma），也即《摩
奴法典》中的「法」，與儒家高度重視「禮」有很多共同之處，都是用於規
範不同階層的人日常行爲，都強調階級之間的秩序，婆羅門以「達摩」輔
佐君王經世治國〔註41〕，（如泰國早期的社會制度就是在婆羅門的協助下建
立起來的），儒家的宗旨則是以禮教施天下；再次，婆羅門和儒生都以博學
多聞、傳承知識爲己任，儒家有「以一事不知爲恥」的傳統，而婆羅門亦
以博學多聞而著稱。

　　婆羅門與儒生的相似性，並非筆者的臆測，在古代文獻中就有把婆羅門
僧稱爲「儒」的先例，元代周達觀根據出訪柬埔寨的見聞所撰的《眞臘風土
記》，對柬埔寨的僧人就有這樣的記載：「爲儒者呼爲班詰；爲僧者呼爲苧姑；
爲道者呼爲八思惟」，這裡所言「爲儒者呼爲班詰」即是指婆羅門學者。因此
南詔大理時期文獻中將阿吒力僧稱爲「儒釋」或「釋儒」，說明他們的行爲與
儒生有相似之處，同時又從事宗教活動。

〔註38〕　轉引自王海濤：《南詔佛教概論》，見《峨眉山與巴蜀佛教》，第402頁。
〔註39〕　高靜錚、鍾惠芳、梁鈺珠：《大理國經幢人事考》，《南方文物》2003年第三期，
　　　　　第114頁。
〔註40〕　《白族社會歷史調查四》，第56頁。
〔註41〕　姚衛群：《婆羅門教》，第61～63頁。

3. 阿吒力僧人與佛教僧人在行為和宗教意義上有顯著差異。

從文獻記載來看，祭祀、祝咒、祈禳似乎是阿吒力僧的主業，而且在阿吒力僧身上看不到任何指導佛教信徒渡脫的行為，也看不到任何阿吒力僧有追求自我渡脫的現象。方國瑜對阿吒力僧有這樣的描述：「至今亦有所謂俺闍梨者，爲人祈禳，自稱曰如來弟子，此則自古以來之遺風也」「咒術行教，以咒術送死者」，「元明之世，阿吒力教雖衰，而送死者則奉信此教咒術，爲普遍之事實也」，〔註42〕王海濤在《雲南佛教史》中，對阿吒力教特點的總體評述是：「阿吒力行教，總爲降龍致雨，驅鬼捉怪，至於求生送死，大乖常情，局外人無不視爲荒唐怪誕，詭秘不經」；〔註43〕李東紅也提到：「雲南古代志乘及碑刻多載阿吒力僧有神異之術，他們誦念經咒，便能『繫日不冥』、『降龍制水』『招致風雨』『驅役鬼神』『化水石爲酒食』乃至『移山縮地』，這種種異行，均離不開密咒，因此阿吒力教經咒發達」〔註44〕。

阿吒力僧這些「大乖常情」的行爲，似有密教的特點，但密教的祝咒祈禳之術，都是從婆羅門教繼承過來的，因此不排除這些專職從事祝咒祈禳的職業僧人是由婆羅門僧演變來的可能。相比較而言，婆羅門教講求「祭祀萬能」，祭祀、祝咒活動具有很強的現實目的性，如祈求牲畜順利繁殖、祈求農業豐收、祈雨咒病等等，並無更高的宗教目的。而在佛教之中，無論小乘、大乘還是密乘，僧人都是世間的「福田」，人們通過供養僧人而與佛結緣，在僧人的指導下脫離苦海、得到解脫，僧人是佛法的傳承者、是信眾們的精神導師。雖說大乘佛教和密教也從事一些祝咒祈禳消災的具有「祭祀」性質的活動，但可以說無論在大乘還是密乘，這都不是佛教僧人的主業，從這些活動的宗教意義來說，也不過是幫助信眾們與佛結緣的方便手段，幫助其度脫才是佛教僧人施展「密術」的最終目的。從這個意義看，阿吒力僧並不具備佛教僧人的特徵，而更像婆羅門祭司。

4. 娶妻生子、世襲傳承都不是密教的典型特徵

阿吒力僧可以娶妻生子，這與密教有相通之處；阿吒力僧爲世襲傳承，這在藏傳佛教中也可以找到相似的例子，如薩迦派即爲世襲制──從這個角度看，阿吒力教和密教有著共同特點。但是，如果換一個角度思考，娶妻生

〔註42〕 參考侯沖：《雲南阿吒力教綜論》，《雲南與巴蜀佛教論稿》，第 218～220 頁。
〔註43〕 王海濤：《雲南佛教史》，第 104 頁。
〔註44〕 《白族佛教密宗阿吒力教派研究》，第 112 頁。

子、世襲傳承也是婆羅門僧最普遍的現象，「婆羅門」本身就是一個靠血緣維繫的種姓，而且相比較而言，「娶妻生子、世襲傳承」都不是密教的普遍特徵，在活佛轉世制度建立前，西藏多數教派都是採用師徒傳承的模式。而且在西藏密教的傳承制度中，傳承的主體是以寺院爲核心的財產及權力體系，相比較而言，歷代文獻都沒有阿吒力僧興建寺院、擁有寺院的記載，「阿吒力」家族擔任的國師、清平官等職務也不是世襲的，「阿吒力僧」傳承的更像是一種身份和以祭祀祈禳爲主要內容的職業的傳承。

　　從上述幾個角度來審視「阿吒力僧」這個特殊的群體，會發現他們具備更多婆羅門祭司的特徵，只不過從大理國中期開始，這些婆羅門祭司逐漸被佛化，接受了佛教信仰，於是被後人誤以爲是佛教僧人。這種婆羅門祭司被佛化的現象，其實在東南亞國家並不鮮見，很多原先信奉婆羅門教，後來改信佛教的國家，即便在舉行重大的佛事活動時，仍然以婆羅門祭司擔任主持。因此「阿吒力僧」爲佛化了的婆羅門祭司，並非筆者標新立異之說。

第六章　從《南詔圖傳》看南詔早期的王室信仰

　　《南詔圖傳》是研究南詔早期宗教史的寶貴資料，2001 年，溫玉成先生在《世界宗教研究》雜誌發表了題爲《〈南詔圖傳〉文字卷考釋——南詔國宗教史上的幾個問題》〔註1〕的文章，對《南詔圖傳》進行了深入的考證分析，此文的觀點有：早在唐高宗中期，就有婆羅門教的濕婆派傳入烏蠻；婆羅門教與大乘佛教經過了長期融和過程；所謂「建國觀音」實即婆羅門教徒。目前，對雲南的婆羅門教進行研究的文章比較少，而溫玉成先生這篇文章無疑是研究得最爲深入的一篇，筆者的研究也深受這篇文章啓發。本章首先對溫玉成先生的觀點進行介紹，然後對筆者提出的觀點進行深入論證。

　　《南詔圖傳》又稱《中興圖傳》，圖傳原藏南詔宮廷，清代收藏於清朝宮廷，1900 年，八國聯軍攻佔北京，被擄掠國外，今藏於日本京都有鄰館。關於《南詔圖傳》的年代，汪寧生考釋後認爲：原畫作於中興二年（898）；「文武皇帝」部分補作於鄭買嗣時代（903～909）；今日所見者可能是一個晚期之摹本〔註2〕。溫玉成認爲今日所見之《南詔圖傳》可能是崇佛的張氏家族保存下來的一個摹本或底本，而不是進呈中興皇帝的那幅畫卷。《南詔圖傳》是由「巍山主掌內書金卷贊衛理昌忍爽」王奉宗和「信博士內常侍酋望忍爽」張順二人奉皇帝舜化貞之詔而作。在畫卷所錄舜化貞皇帝的敕令中，對創作《南

〔註1〕　《世界宗教研究》2001 年第一期。
〔註2〕　見汪寧生：《〈南詔圖傳〉考釋》，《南詔大理文物》，北京：文物出版社，1992年。

詔圖傳》的原因進行了說明：「朕以童幼，未博古今。雖典教而入幫，未知何聖爲始？誓欲加心供養圖象，流形於今世，後身除災致福。因問儒釋耆老之輩，通古辯今之流，莫隱知聞」。〔註3〕「王奉宗、張順依據的文獻是：《巍山起因》、《鐵柱記》、《西耳河記》及《張氏國史》等，今諸書已佚失。他們的《圖畫卷》，亦非憑空所造，應是參考了或摹寫了保和二年（825）張疋傍等人奉命查找『聖源』時所進奉的『繪圖』」〔註4〕。

《南詔圖傳》分爲畫卷和文字卷。畫卷是把南詔蒙氏興起的傳說和歷史材料糅合在一起的連環畫式畫卷，文字卷是對圖畫的詳細說明。圖傳分爲三大部分內容：一是描繪南詔始祖細奴羅與其子邏盛躬耕於巍山，經觀音幻化爲梵僧點化的故事；二是表現白族首領張樂進求祭鐵柱禪讓的故事；三是西洱河記，描繪觀音在西洱河顯化的故事。關於畫卷中「觀音七化」的故事，已在第四章做過介紹，這裡不再贅述。

〔註 3〕 李惠銓、王軍：《〈南詔圖傳・文字卷〉初探》，《雲南社會科學》1984 年第六期。該文對《南詔圖傳》文字卷中的文字進行了詳細整理，對錯訛、缺失的部分進行了分析，本章所引的《南詔圖傳・文字卷》的文字均出自該文，不再贅述。

〔註 4〕 以上考證可參考溫玉成：《〈南詔圖傳〉文字卷考釋》，《世界宗教研究》2001 年第一期。

第一節　從《南詔圖傳》看早期南詔印僧的身份

圖片說明：《南詔圖傳》中梵僧授記的場景具有典型的婆羅門教特徵

　　《圖畫卷》「觀音七化」故事中出現了九幅印度僧人圖象，溫玉成先生認為，這實際上反映了傳教史上若干個不同的印度僧人。根據僧人手持物的不同，將其區別爲三類，即「持鉢僧」、「持鉢杖僧」和「持瓶、柳僧」。〔註 5〕圖畫中的《第二化》及《第三化》故事，發生在奇王蒙細奴邏（公元 629～674）時代，此時細奴邏已有妻、子，因此圖畫中的「持鉢僧」的傳教活動時間應該在七世紀下半葉。從圖畫中「持鉢僧」的裝束特點及授記時幻化出的場景分析，這是一個婆羅門教僧人而非佛教僧人。因爲圖畫中的僧人留有長髯，而佛教僧人的傳統是「剃除鬚髮」，留鬚的佛教僧人較爲少見。對於授記場景，溫玉成先生是這樣介紹的：

<hr>

〔註 5〕溫玉成：《〈南詔圖傳〉文字卷考釋》，《世界宗教研究》2001 年第一期。

圖片說明：《南詔圖傳》「第四化」畫面上描繪歐賧窮石

村民在殺害這位梵僧時，左側村民正拽掉梵僧頸下的一條白色帶子。

　　梵僧在巍山頂，坐於石上，向蒙細奴邏妻潯彌腳及兒媳夢諱「授記」時，「左有朱鬃白馬，上出化雲中有侍童手把鐵杖；右有白象，上出化雲中有侍童手把方金鏡，並有一青沙牛。」這裡應是虛構的一個婆羅門教祭祀場面。馬神陀第克罹（Dadhikra）、象神、濕婆之子犍尼薩（Ganesa）均以侍童面貌出現。濕婆神之牛，名難陀（Nanda）這裡用青沙牛代表，《第三化》之末，用小字注云「後立青牛禱，此其因也。」畫面上牛旁文云「青沙牛不變，後立為牛禱，此其因也。」至今雲南白族仍有十月一日「祭牛王」之俗，不知是否因此而來。這一「授記」的場景，在張勝溫畫卷中稱作「建國觀世音菩薩」圖。劍川縣獅子關雕刻的頭頂「黑淡彩」，手牽白犬的人物，也是這位「建國觀世音菩薩」（1179）。較晚的一例是劍川出土成化六年（1470）的「建國梵僧觀世音菩薩」。這一虛構之場景或許是梵僧向潯彌腳說明授記時應有之儀典，但當細奴邏等「相隨往看」時，「諸餘化盡」，「並見地上有一青牛，餘無所在。」表明梵僧授記時，只有青沙牛，便因陋就簡，作了祭儀。此梵僧「授記」云：「鳥飛三月之限，樹葉如針之峰，奕葉相承，為汝臣屬。」此授記之事，《第七化》引益州金和尚話云：「雲南自有聖人入國授記，汝先於奇王因以雲南遂興王

業，稱爲國焉。」按金和尚即新羅僧無相（684～762），上距「授記」
時間約九十年左右，稱梵僧爲「聖人」，亦表明此梵僧並非是佛教徒。
〔註6〕

《第四化》中的持缽印度僧人，傳教時間是興宗王蒙邏盛時期，即 674～712
年之間，從其裝束和他留下的遺跡來看，也應該是婆羅門僧人。《第四化》畫
面上描繪獸賧窮石村村民在殺害這位梵僧時，左側村民正拽掉梵僧頸下的一
條白色帶子。《眞臘風土記》中對於婆羅門教學者有這樣的描述：「班詰，不
知其所祖，亦無所謂學舍講習之處，亦難究其所讀何書，但見其如常人打布
之外，於項上掛白線一條，以此雖其爲儒耳。由班詰入仕者，則爲高上之人。
項上有線，終身不去。」〔註7〕在婆羅門教中，將能夠以正確的發音與文法背
誦出吠陀經典的人，或者精通五明（工巧明、醫方明、聲明、因明、內明）
的學者稱爲班智達，「班詰」應當是「班智達」的對音。《眞臘風土記》的記
載說明婆羅門學者有頸間佩戴「白線」的傳統，因此《南詔圖傳》中的持缽
僧人應當是一名婆羅門學者。《第四化》中還說，梵僧遇害而未死，「其靴變
爲石，今現在窮石村中。」在《第七化》又說，825 年「張羅疋急遣男大軍將
張疋傍並就銀生節度張羅諾、開南郡督趙鐸咩訪問原由，但得梵僧靴爲石，
欲擎舁以赴闕，恐乖聖情，遂繪圖以上呈，儒釋驚訝。」梵僧的靴所化的「石」，
爲什麼使地方官如此作難，「恐乖聖情」不敢送上呢？爲什麼繪圖已上呈後，
又引起「儒釋驚訝」呢？溫玉成先生給出的解釋是：「這塊『石』是婆羅門教
濕婆派所崇拜的、象徵男性生殖器的『天根』──棱伽石。在傳說中，這塊
棱伽石又被說成是「鐵柱蓋帽」所變，祭鐵柱畫面上文云：「其鐵柱蓋帽變爲
石，於今現在廣化郡，今號銀生獸賧窮石村中。」〔註8〕從中可見，這位持缽
梵僧可能還留下了婆羅門教濕婆崇拜的標記──象徵男性生殖器林伽。

溫玉成先生認爲，第五化、第六化中的「持瓶、柳僧」爲大乘佛教僧人，
其主要原因是這位僧人帶來了阿嵯耶觀音信仰，筆者對此觀點存疑，因爲圖
畫中這位僧人的裝束與前兩位相似，關鍵也留有長髯，應當也是婆羅門教徒，
而且本文後面要討論，阿嵯耶觀音信仰有可能是婆羅門教毗濕奴信仰與佛教

〔註6〕 溫玉成：《〈南詔圖傳〉文字卷考釋》，《世界宗教研究》2001 年第一期，第 4
～5 頁。

〔註7〕 （元）周達觀著，夏鼐校注：第 94 頁。

〔註8〕 溫玉成：《〈南詔圖傳〉文字卷考釋》，《世界宗教研究》2001 年第一期，第 6
頁。

信仰的結合體，阿嵯耶觀音的原型有可能是毗濕奴，因此不能因為「持瓶、柳僧」帶來了「阿嵯耶觀音」而將其判斷為佛教徒，相反，他傳入的有可能正是毗濕奴信仰。

《南詔圖傳》還有一個特別值得關注的地方，《圖傳》成畫之時南詔已經大力推行佛教七十餘年，但除了「阿嵯耶觀音」和「梵僧」，全卷上下找不任何佛教形象——沒有一幅釋迦摩尼的畫像，更無羅漢、菩薩、天龍八部的形象出現——況且如前所述，「梵僧」的裝扮不符合佛教僧人的特點，佛教的觀音造型中也難以找到「阿嵯耶觀音」的形象，由此可以進一步印證《南詔圖傳》所記述的故事與佛教的關係不大。

第二節　南詔王室的西洱河神信仰

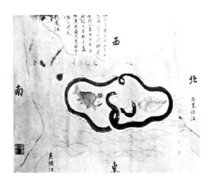

《南詔圖傳》西洱河神圖

《南詔圖傳》開卷就有一副描繪洱海地區早期西耳河神信仰的圖畫。圖畫的內容是大海之上有兩條蛇，蛇首尾相交圍成一個環，內纏繞一條魚和一海螺，鯉魚額頭上突起一輪。圖畫上的文字解釋道：西耳河者西河如耳，即大海之耳也。河神有金螺金魚也，金魚白頭，額上有輪爰，毒蛇繞之，居之左右分為二河也。《南詔圖傳·文字卷》，中興皇帝在題記中對這一畫面有進一步說明：

> 更至二十八日，願立霸王之丕基，乃用牲牢而享祀西耳河。記云：西耳河者，西河如耳，即大海之耳也……河神有金螺金魚也。金魚白頭，額上有輪。蒙毒蛇遶之，居之左右，分為二耳也。而祭奠之，謂息災難也。乃於保和昭德皇帝紹興三寶，廣濟四生，乃捨雙南之魚，金仍鑄三部之聲眾。

這段文字說的是洱海地區早期部落首祭祀西洱河神的情況，於每年二月二十八日，以「牲牢」祭祀西洱河神，祭祀的目的是「立霸王之丕基」，希望通過祭祀在部落戰爭中征服其他部落。河神即是由毒蛇纏繞的「金螺」和「金魚」，文中進一步說明，祭祀河神可以息災難。按文中所述，直到南詔第七代國王勸豐祐（文中所言保和昭德皇帝，823年至859年在位）大力推崇佛教，這種祭祀河神的傳統才被捨棄。

這幅圖畫及對應的文字，透露出有關南詔王室早期信仰的非常重要的信息：

首先，在佛教興起以前，南詔王室信仰的是西洱河神，每年都要舉行祭祀活動，以此消災祈福，並祈求稱霸。

其次，從西洱河神圖在《南詔圖傳》的位置來看，西洱河神信仰曾經有過深刻影響。西洱河在雲南歷史上有重要地位，古代文獻中，常以「西洱河」代稱現在的洱海地區，也曾一度是「南詔國」的別稱。此圖處於開卷之處，並且解釋了「西洱河」名稱的來源，顯然有慎終追遠之意。《南詔圖傳》描繪了西洱河神的圖騰之後，才依次介紹「觀音七化」故事，足見觀音信仰興起以前，西洱河神是當地最重要的信仰。

再次，勸豐祐時期大興佛教，「捨雙南之魚」，廢除了原先的西洱河神信仰，可見兩種信仰曾經發生過衝突。另外《南詔圖傳》把西洱河神放在了開卷的重要位置，但是文字卷的正文中對之又不置一詞，若非中興皇帝在題記中簡單提及祭祀西洱河之事，後人則不知圖中所繪河神是怎麼回事，筆者猜測，有可能在勸豐祐大興佛教之時，對原先的信仰進行過宗教壓迫，於是《南詔圖傳》作者不敢在文字卷中進行介紹，但鑑於這一信仰在歷史上有重要地位，甚至有可能曾經是蒙氏家族的圖騰，便用隱晦的方式放於卷首。

張錫祿先生在《白族對魚和海螺的原始崇拜初探》一文中認為，《南詔圖傳》中的河神屬於本土崇拜，經過對古代文獻和白族地區風俗習慣的考察後，提出這一地區長期流傳著對魚和海螺的崇拜，並認為由於發生自然災害、糧食欠收之時，魚和海螺就成為當地人的主要食物，故形成了對海螺和魚的崇拜﹝註9﹞。但是筆者對於這種觀點頗為懷疑，尤其《南詔圖傳》中所繪海螺體型碩大，而洱海地區人們經常食用的「螺螄」都屬於淡水螺，個體稍大的也

﹝註9﹞ 張錫祿：《白族對魚和海螺的原始崇拜初探》，《雲南社會科學》1982年第六期。

就大拇指一般大小，並且表面十分粗糙。《南詔圖傳》所繪的螺體型碩大，表面光滑，只可能生活在海洋之中，因此海螺信仰應該來自域外，並非洱海的本土信仰。

　　沿著這個思路去審視《南詔圖傳》的西洱河神圖騰，就會發現這幅圖畫充滿了婆羅門教的寓意和象徵毗濕奴的符號。

　　首先，這幅圖處於開卷的位置，而且畫面一片蠻荒，周圍沒有任何人物、植物，這幅畫面顯然有天地初開、一片混沌的寓意。在婆羅門教中，毗濕奴最常見的造型，就是天地初開之時，躺（或者立）在蛇王那伽身上，漂浮於大海之中的形象。《南詔圖傳》中，毒蛇纏繞著的魚、海螺及魚額頭上的輪，都是毗濕奴的最典型的象徵符號。

圖片說明：手持輪寶、海螺等法器，於天地初開之時，在大海之中立於蛇王那伽之上，這是婆羅門——印度教中最為典型的毗濕奴形象。

圖片說明：輪與海螺是各種毗濕奴畫像中必不可少的要素，是毗濕奴的象徵

　　婆羅門教中，毗濕奴有四隻手。四隻手各執一法器，有的畫像中拿著的是海螺、輪寶、蓮花與杵杖，有的拿的是海螺、輪寶、弓與劍。可見，海螺與輪寶是毗濕奴必不可少法器。毗濕奴的噴焰海螺叫「Pamchajanya」，其意為「擁有對五眾的控制力」。作為戰鬥號角，海螺相當於現今的軍號，是力量、權威和統治的象徵。吉祥的號聲可以祛除邪惡精靈、使人避開自然災禍並恫嚇一切有害生靈。輪寶名「妙見」（Sudarsana）或「妙見飛輪」（Sudarsanacakra），又稱「金剛轂」（Vajranabha），是火神阿耆尼贈給他的。《摩訶婆羅多‧初篇》載火神給了黑天（毗濕奴十大化身之一）一個以雷石為心的飛輪和一個火寶，這樣黑天便能很好地幫助火神〔註10〕。海螺與輪寶幾乎就是毗濕奴的象徵，在印度毗濕奴的寺院中，通常都會在顯著位置出現海螺和輪寶的造型。

〔註10〕　葛維鈞：《毗濕奴及其一千名號》，《南亞研究》2005 年第一期，第 49 頁。

圖片說明：手持輪寶、海螺等法器，立於蛇王那伽之上的毗濕奴。左側為梵天，右側
　　　　　為濕婆。

　　在筆者看來，《南詔圖傳》中出現的「金魚」也是毗濕奴的典型象徵。魚
是毗濕奴十大化身的第一大化身，據傳說，一天人類始祖摩奴在河裏洗手，
一條小魚游到他手上，求救他命。摩奴將小魚放到魚缸，不久隨著小魚慢慢
長大，摩奴依次將之放入池塘、河流，最後放進海洋。魚為了感激救命之恩
向摩奴說世界將有一場洪水，一切眾生俱會滅亡，洪水到來時，摩奴造了一
隻船，帶著生命之種由魚拉著到了山頂，因此獲救，最後成了人類的始祖。
當淹沒世界的大洪水襲來之際，毗濕奴化身為魚，以他的鬚繫住人類的始祖
摩奴所乘的船，使其成為唯一的生存者。〔註11〕

　　《薄伽梵往世書》裏也記載了毗濕奴化身為魚的傳說。「很久以前，當地
上出現第一批生命時，大地被一個可怕的惡魔脅迫。那魔鬼不許聖人行祭祀，

〔註11〕　萬維鈞：《毗濕奴及其一千名號（續二）》，《南亞研究》2006 年第一期，第 53
　　　　　頁。

在盜了神聖的吠陀後，藏到海洋深處的一個海螺殼裏。世界之主梵天向毗濕奴求助，毗濕奴立即化身爲魚投入大海之中，他撕開魔王的胃部使他斷了氣，吠陀從魔王胃中湧出，那即是《梨俱吠陀本集》、《娑摩吠陀本集》、《夜柔吠陀本集》與《阿闥婆吠陀本集》。值得注意的是，在毗濕奴化身巨魚的傳說中，魚的形象通常是額頭上長了一隻角，在《南詔圖傳》中，金魚額頭上的輪是突出出來的，也像長了一支角出來。

如果把《南詔圖傳》中這幅「西洱河神」畫面中的魚置換成毗濕奴，那麼我們馬上會看到一幅最爲典型的印度教描繪毗濕奴的圖畫：天地之初，毗濕奴一手持海螺，一手持輪，被蛇王那伽所纏繞，漂浮在大海之上。

除了毗濕奴的眞身被化身替代之外，《南詔圖傳》這幅西洱河神圖包含了典型毗濕奴畫像所應具備的幾乎所有的重要元素。筆者認爲，這麼多與毗濕奴緊密相關符號同時出現在一幅畫面上，絕非巧合，尤其「輪」和長角的魚更是罕見的文化符號。這幅西洱河神圖說明在南詔興起佛教之前，曾經存在一種重要的信仰，即崇拜「西洱河神」，而從《南詔畫傳》的描繪來看，「西洱河神」信仰很有可能是由毗濕奴信仰演變而來。另從中興皇帝的題記來看，南詔王室每年都要舉行隆重祭祀西洱河神的儀式，形式是「牲牢而享祀」，目的是「立霸王之丕基」，而在婆羅門教中有一種最爲盛大的「馬祭」，其目的就是讓君王成爲王中之王，認爲作百次馬祭的君王可以成爲世界和眾神的主宰〔註12〕，由此推測，祭祀西洱河神的活動可能與婆羅門教的「馬祭」也有一定的淵源關係。

第三節　相關討論

通過對阿吒力教特點的分析及《南詔圖傳》和《董氏族譜》的研究，我們描繪出了一幅南詔早期宗教狀況的模糊圖景，但相關討論都散在各章節之中，本節就將按時間線索，把前面討論過的結論串聯起來，以描繪出一幅完整圖象，並就個別問題進行更深入的討論。

筆者猜測，早在唐初（公元七世紀），就有婆羅門僧人來到洱海地區傳播婆羅門教，南詔的細奴邏有可能和婆羅門僧發生過接觸，接受了婆羅門教信仰，並借助這一信仰來擴大蒙氏家族的勢力，鞏固其在西洱河地區的

〔註12〕姚衛群：《婆羅門教》，第 3 頁。

地位。這些僧人中可能既有濕婆派信徒——在「窮石村」中留下了林伽標記，也有毗濕奴派信徒，而毗濕奴信仰有可能演化爲後來的西洱河神信仰，毗濕奴的造型則和後來興起的觀音信仰發生了融合，被人稱爲「阿嵯耶觀音」，又由於婆羅門信仰在南詔擴張時期發揮過重要作用，故又被稱爲「建國觀音」。

早期來洱海地區佈道的婆羅門僧人，被後人稱爲「無名梵僧」或「梵僧觀音」，他們並非一個人，而是多人多次來到洱海地區，同時也在當地培養了一批婆羅門信徒或者婆羅門僧，甚至南詔王閣羅鳳的弟弟閣皮也成爲了婆羅門僧。這些來自印度或在本土培養的婆羅門僧人，有的被封爲國師，這其中就包括了被後人稱爲「滇密七師」的楊法律、段道超、李畔富等人，他們可能是南詔王室的祭司，有一定政治地位，統治者對他們的態度是「詔於其言，或用或不用，然知其無他，益信遇不衰」（萬曆《雲南通志》）。這些「祭司」的職位世襲傳承，於是就形成了阿吒力世家，這就是阿吒力教的前身。

南詔王室早期信奉的是由毗濕奴信仰演變而來的西洱河神信仰，並且每年都舉行盛大的祭祀活動以祈求稱霸西洱河。也有可能南詔王室本身就信仰毗濕奴，只是到了勸豐祐、世隆統治時廢棄了這一信仰，甚至有可能實施了宗教壓迫，於是毗濕奴成爲了一種忌諱，《南詔圖傳》只是以額上長輪的魚以及海螺，來隱晦的表達原先的毗濕奴信仰。

南詔初期採取了一種包容的宗教政策，多種宗教並存，佛教並沒有特殊地位，直到勸豐祐時期，在贊陀崛多影響之下，南詔王室開始大力推崇佛教，並廢棄了原先的信仰，同時終止了冊封婆羅門國師的傳統，到了世隆時期，對佛教的信仰更是到達狂熱的程度，可以推想，作爲「外道」的婆羅門教更無容身之處，因此到了繪製《南詔圖傳》之時，不得不以一種隱晦的方式來表達原先的婆羅門教信仰。

南詔政權覆滅之後，大理國段氏同時繼承了原先的佛教傳統和婆羅門教傳統，恢復了原先冊封婆羅門祭司爲國師的制度，到大理國中期，婆羅門信仰逐漸被佛化，婆羅門信徒也接受了佛教信仰，但原先的婆羅門祭司家族還保持著世襲傳承的傳統，這就形成了獨具大理特色的阿吒力僧。到了元代，蒙古人的入侵，使得藏傳佛教進入洱海地區，於是大理佛教開始融入密教元素；行政界限的消除，也使得漢地佛教大規模湧入雲南，漢地佛教中用於消

災祈福、薦度亡人的法事儀軌，與阿吒力僧從事的祭司活動有相似的用途，所以也有可能被阿吒力僧吸納，或者從事這些活動的「應赴僧」也被稱為「阿吒力」，這種傳統一直延續到今天。

第七章 阿嵯耶觀音信仰起源研究

　　無論在白族民間信仰還是南詔、大理時期的官方信仰中，觀音都有著極為重要的地位。南詔大理時期，阿嵯耶觀音被尊為「建國觀音」「護國觀音」而被廣泛信奉，在白族民間信仰中，觀音則是至高無上的守護神，大理地區的民俗活動、民間傳說、風俗習慣等都與觀音信仰有著密不可分的聯繫。然而大理地區觀音信仰的表現形態，無論是觀音的造型還是觀音的宗教含義，又與佛教正統的觀音信仰有著明顯差異，尤其阿嵯耶觀音的獨特造型源自何方，一直是雲南佛教史研究的一大疑團。

　　筆者沿著「婆羅門教曾經傳入雲南」這一思路去分析相關資料時，發現大理地區的觀音信仰中確能找到一些婆羅門教的痕跡，例如：地方史志中有關觀音信仰傳入的記載，無不與南詔早期到洱海地區佈道的梵僧（婆羅門僧）有關；阿嵯耶觀音造像與印度及東南亞地區的毗濕奴造像都具有寬肩細腰、身軀扁平、上身赤裸、跣足挺立等特徵；白族民間的觀音傳說，也具有明顯婆羅門教色彩等等。

　　阿嵯耶觀音信仰的起源問題，是雲南宗教史、文化史研究的重大課題，已經有很多國內外專家進行過深入探討，因此筆者不敢草率的就確定阿嵯耶信仰一定源自婆羅門教，只是由於研究思路的轉變（以往都把阿嵯耶觀音視為佛教神祇，很少有人從婆羅門教的角度分析），筆者發現了一些值得注意的現象，故在本章將自己的發現和研究思路介紹出來，希望能引起學界的注意。

第一節　白族的民間觀音信仰

　　觀音信仰在白族地區民間信仰中有著最爲重要的地位。在洱海地區，觀音不僅是救苦救難、有求必應的佛教神祇，更是守護一方的至高無上的保護神，白族群眾把自然氣候的好壞、年景的豐欠、疫病的有無，都看成是觀音保祐與否所致，在民間傳說中，連大理、鶴慶壩子的開發，百姓的農田、生活用水，治病用的草藥等，都是觀音的賜給。因此觀音的形象不僅廣泛出現在佛教寺院的造像、繪畫之中，也是各地本祖廟中經常出現的神祇，專門供奉觀音的土廟遍佈各地。觀音廟中供奉的觀音通常有男、女兩種形象，白族觀音的典型形象是：女身觀音多是面目慈善的老太婆，稱「觀音老母」；男像則有五縷白鬍鬚，兩縷分別從耳際垂下，兩縷從口角長出，另一縷生在下巴上，座前有一白犬。通常男身觀音的塑像年代都比較久遠，而女身觀音成像年代較近。〔註1〕

大理周城村龍泉寺內男性觀音造像

圖片來源：董建中《銀蒼玉洱間的神奇信仰——白族本主崇拜》，四川文藝出版社，2003 年。

〔註 1〕 吳棠：《白族信仰中的「觀音」形象》，《西南民族學院學報》1990 年第三期，第 64～66 頁。

大理寶林村本主廟的男性觀音造像

圖片來源：董建中《銀蒼玉洱間的神奇信仰──白族本主崇拜》，四川文藝出版社，
　　　　2003 年。

　　在白族地區，觀音信仰與民俗緊密融合在一起。如白族的取名習俗經
常在姓與名的中間加進「觀音」二字，以示吉祥如意和得到觀音的保護，
如李觀音得、高觀音明，趙觀音仙等。每年陰曆 2 月 19 日是「觀音生日」，
6 月 19 是「觀音修行日」，9 月 19 日是「觀音得道日」，這三天白族民間普
遍要舉行觀音會，其中最熱鬧的就是大理觀音塘的觀音會。會期，大理及
鄰縣的善男信女紛紛前來燒香禮佛，來自各白族村莊的老媽媽「蓮池會」
各聚爲團，手持法器，用白族語誦經禮佛。〔註2〕而大理著名的「三月街」
又名「觀音市」，據說，這就是觀音菩薩在大理向信眾傳法的地方，後來逐
漸從早期的佛教廟會演化爲民族節日和貿易盛會。據《白國因由》載：「善
男信女朔望會集，於三月十五日在榆城西搭棚禮拜方廣經……年年三月十
五日皆聚集以蔬食祭之，名日祭觀音處，後人於此交易，傳爲祭觀音街，
即今之三月街也」〔註3〕。

〔註 2〕　張錫祿：《佛教對白族民俗的影響》，《中國宗教》2003 年第七期。
〔註 3〕　（清）寂裕撰：收於《西南民俗文獻》第四卷，蘭州：蘭州大學出版社，2003
　　　　年，第 211～212 頁。

在洱源地區，每年農曆五月初五都要舉行祭觀音的會期，期間人們要吃齋一天，供品用香油煎的米「乾蘭」，幾塊餌塊，清茶一杯，一年一小會，三年一盛會。迎送觀音的儀式中，由「朵兮薄」（巫師）選一塊石頭放在觀音杯中，迎送結束時把石頭安放在本主廟神桌上。石頭三年一換。這裡的民間傳說：觀音顯化為三兄弟，婚配後繁衍後代，教會種蕎麥，所以後代子孫要感恩於觀音。〔註4〕白族民間傳說中的觀音神話數量多、流傳廣，洱海地區的地名、寺名、街名等與觀音有關的比比皆是，而這些名字背後大多都有一個和觀音有關的神話傳說，如觀音塘「大石庵」的名字就來自《觀音負石阻兵》傳說：相傳古時有敵兵攻入大理，觀音化作老婦人以草繩背負萬斤重巨石，敵人認為老婦尚且如此，青壯更不知如何了得，於是不戰而退，「大石庵」內有一塊大石即傳為觀音所負之石。再如西洱河出水口天生橋的來由是《雙鶴開拓》，觀音用拐杖戳通石壁，水泄後才出現大理壩子。漾濞、永平交界的「娘娘叫狗山」，娘娘即是指觀音。觀音神話傳說不僅口頭流傳，地方志中也頻頻出現，如《南詔圖傳》、《僰古通記》、《記古滇說集》、《南詔野史》、《白國因由》等，都記載了大量與觀音有關的神話〔註5〕。

除此之外，白族民間還流傳著用白族語言口頭世代傳承的觀音經文；在大理、洱源、巍山、鶴慶等縣市，還盛行著許多崇信觀音的民間組織，如蓮池會、洞經會和方廣會等等，可以說，觀音信仰已經滲透到了大理民間社會的一般節日及民眾生活之中，同時，這也成為極富大理文化特色的民俗。雖說大理地區從南詔時期就開始信奉佛教，但佛教信仰從官方向民間滲透的過程中顯然發生了明顯的異化，觀音在民間信仰中被推到了至高無上的地位，而且民間觀音的形象也與洱海地區的其他文化元素揉合在一起，與正統佛教中的觀音形象相去甚遠。因此，與其說白族的民間信仰是佛教信仰，不如說是一種異化了的觀音信仰。

第二節　白族觀音與天竺梵僧

白族民間的觀音形象，以及民間流傳或者史志中記載的觀音傳說，雖然

〔註4〕 吳棠：《白族信仰中的「觀音」形象》，《西南民族學院學報》1990年第三期，
　　　　第66頁。
〔註5〕 吳棠：《白族信仰中的「觀音」形象》，第64～66頁。

與傳統佛教觀念中的觀音形象相差很大，但在筆者看來，其卻與南詔早期來到洱海地區佈道的「天竺梵僧」有著千絲萬縷的聯繫。

在大理、劍川、洱源一帶，至今仍保留有男身觀音的遺存實物。大理周城觀音寺、灣橋西邊聖源寺旁的觀音寺、羅剎閣等三處的觀音塑像和木雕，共同的特徵為白族男性老人面容，留長鬍鬚，座前有一條白犬，這與《南詔圖傳》、《白國因由》等文獻裏描繪的天竺梵僧「羌髯豐頤，戴赤蓮冠，身披襲裝」的形象不盡相同，亦即從梵僧形象演變為純粹的白族老人容貌〔註6〕，而老人座前的白犬尤其值得注意，《南詔圖傳》文字卷第四化有這樣一段記載：「蒙邏盛時，有一梵僧，來自南開郡西瀾滄江外，獸賧窮石村中，牽一白犬，手持錫杖鉢盂，經於三夜。其犬忽被村主加明王樂等偷食。明朝梵僧尋問，翻更凌辱。僧仍高聲呼犬，犬遂嘷於數十男子腹內。偷食人等，莫不驚懼相視，形神散去。」這一故事在其他史志中也被反覆提及，可見「攜犬老人」的觀音形象，源自於南詔早期的天竺梵僧。

將天竺梵僧奉為觀音的傳統，從南詔時期就已經開始，《南詔圖傳》文字卷還詳細說明了南詔觀音信仰的來由——《圖傳》第六化中描繪了天竺梵僧騰空乘雲化作阿嵯耶觀音的形象，村民便依此形象鑄出銅像，到了第七化有這樣的記載：「保和二年乙巳歲，有西域和尚菩立陁訶來至我京都云：『吾西域蓮花部尊阿嵯耶觀音從蕃國中行化至汝大封民國，如今何在？』語訖，經於七日，終於上元蓮宇。我大封民國始知阿嵯耶來至此也」。其中「保和二年」為公元825年，「保和」是勸豐祐的年號，按這段記載，在勸豐祐時期，有一個來自吐蕃的佛教僧人，聲稱早前（約一百年前）來南詔佈道，給蒙氏授國的，乃是「西域蓮花部尊阿嵯耶觀音」，自此南詔便開始信奉阿嵯耶觀音，並且認為早期來佈道的天竺僧人都是觀音的化身。從這以後，將天竺梵僧視為觀音的傳統就一直延續下來，不僅後世文獻中對天竺無名梵僧有「梵僧觀音」、「授國觀音」等稱呼，在《張勝溫梵像畫卷》中，亦繪有天竺梵僧，旁邊題有「建國觀世音像」，在劍川石窟獅子關懸崖上，亦雕刻有一尊梵僧攜狗的浮雕。由此可見，大理地區已經本土化了的觀音信仰，追根溯源，都與南詔早期的天竺僧人有關——不排除在千餘年的傳承過程中，雜糅進去了大量其他信仰的成分——但可以看到，正統的佛教信仰對民間觀音信仰的影響並不明顯，南詔時期便形成的「梵僧觀音」形象根深蒂固。

〔註6〕吳棠：《白族信仰中的「觀音」形象》，第64頁。

我們在第六章已經進行了詳細論證，《南詔圖傳》七化故事中所描繪的天竺僧人很有可能不是佛教僧人，相反，這些僧人身上具有顯著的婆羅門教僧人的特點：留長髯、脖子上繫白線、幻化出具有顯著婆羅門教特點的授記場面、留下林伽標記等等，因此白族傳說中的「天竺梵僧」應該是婆羅門教僧人。如果這一結論成立，那麼白族的觀音信仰就應該起源於婆羅門教而非佛教，只是到了勸豐祐時期，佛教僧人「菩立陁訶」爲了傳佈佛教的方便，將原先南詔普遍信奉的婆羅門神祇指認爲觀音，加上勸豐祐的大力推廣，民間便逐漸改變了對原先神祇的稱呼，將其稱爲阿嵯耶觀音了。

第三節　阿嵯耶觀音造像與印度毗濕奴造像的關係

阿嵯耶觀音是南詔國、大理國最重要與最受尊崇敬仰的神祇，其造型非常獨特：纖細修長挺直的身軀、高聳精美的頭飾，髮辮及服飾都與唐宋觀音造型、藏傳觀音造型迥然不同，爲雲南地方觀音圖象的一大特色，具有重要的藝術價值。但是，阿嵯耶觀音的造型又非南詔國、大理國所獨創，阿嵯耶觀音造型的來源一直都是雲南佛教史研究中的一個難題，目前學界多數認同阿嵯耶觀音來自於東南亞的觀音造型。但筆者認爲這一說法存在很多疑點，曾有學者提及阿嵯耶觀音的形象有可能來自於毗濕奴的形象，筆者沿著這條思路進行了考察，發現「毗濕奴說」能夠更好地解釋圍繞在阿嵯耶觀音造像上的諸多疑團。

一、阿嵯耶觀音簡介

阿嵯耶觀音是南詔、大理國佛教造像最典型代表，其造型特徵是體態修長，寬肩細腰，身軀扁平，上身赤裸，跣足挺立，頭戴高大的髮髻冠。《南詔圖傳》、張勝溫《梵像卷》（第 58、86、99 開、）和劍川石窟（第 10、13 窟）中的觀音形象都是這一造型。

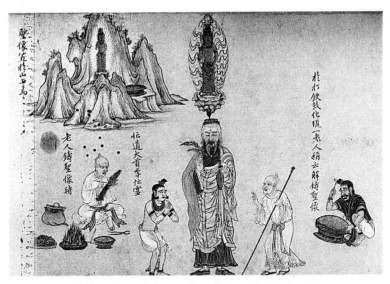

圖片說明：劍川石窟第 13 窟阿嵯耶觀音雕像

圖片說明：《張勝溫梵像卷》上的阿嵯耶造型

《張勝溫梵像卷》上的
阿嵯耶造型

劍川石窟第 13 窟
阿嵯耶觀音雕像

阿嵯耶觀音造像

圖片說明：（從左到右）雲南省博物館藏鎏金銅阿嵯耶；美國紐約大都會博物館藏阿
　　　　嵯耶；美國聖地亞哥藝術博物館藏阿嵯耶；美國佛利爾博物館藏阿嵯耶。

　　除繪畫和雕塑外，阿嵯耶觀音造型更多的出現在小型造像當中。早在上世紀初，便有多尊阿嵯耶觀音造像流失海外，因此有關阿嵯耶觀音造型的研究也最早興起於海外。早在 1944 年 Helen B.Chapin 博士便在《哈佛亞洲研究雜誌》上發表了《雲南的觀音像》一文，對阿嵯耶觀音造像的特點進行了介紹，自此阿嵯耶觀音獨特的造型引起了海國內外學界的重視。1978 年，雲南省文物工作隊在維修大理崇聖寺三塔時，於千尋塔清理出土觀音像 58 尊，其中有二件金質和一件木質阿嵯耶觀音造像。迄今為止發現的阿嵯耶觀音造像二十餘尊，其中流失海外十尊。現存於世的阿嵯耶觀音像以金屬立像為多，大都是 12 世紀大理國時期的作品，但其藍本都源於南詔時期的同類造型，是南詔時期阿嵯耶觀音造像的延續。〔註7〕

　　關於阿嵯耶觀音的記載最早出現於《南詔圖傳》文字卷中，第六化有這樣一段文字：「聖僧行化至忙道大首領李忙靈之界焉，其時，人機暗昧，未識聖人。雖有宿緣，未可教化。遂即騰空乘雲，化為阿嵯耶像。忙靈驚駭，打更鼓集村人。人既集之，彷彿猶見聖像放大光明。乃於打更鼓之處，化一老人云：『乃我解鎔鑄，作此聖容，所見之形，毫釐不異。』忙靈云：『欲鑄此像，恐銅更未足。』老人云：『但隨銅更所在，不限多少。』忙靈等驚喜從之，鑄作聖像，及集村人更鼓，置於山上焉。」〔註8〕李玉瑉指出：「這段文字，講述了聖僧出示聖像圖樣，並將村民打更用的銅鼓鎔鑄為阿嵯耶觀音像的過程。這是開鑄阿嵯耶觀音像的最早記錄，同時，說明了早期鑄像，只是民間行為，還未得到南詔王室的重視和支持，而這種民間行為所鑄的造像，不可能很精細，沒有後期造像精美。本館（注：指臺灣故宮博物館）收藏有一尊銅質阿嵯耶觀音造像，像高 44cm，坐高 16.5cm。該造像頭飾與其他造像大不相同，頭挽髮髻，髮髻前戴阿彌陀佛額像，耳持垂珠，頭髮皆挽為髮髻，不下垂，無 10～11 絡之說，裙裾較低，在腰身以下，裙裾腳邊較寬，人物面像具有男性特徵，極富民族風格。整座造像略顯粗糙，但不失古樸厚重之韻味。該造像應為阿嵯耶觀音的早期形式，是勸豐祐即位之前，利達多法期間，民間更鼓鎔鑄的造像之一。」〔註9〕

〔註7〕傅雲仙：《阿嵯耶觀音造像研究》，南京藝術學院 2005 年博士論文。

〔註8〕李惠銓、王軍：《〈南詔圖傳・文字卷〉初探》，《雲南社會科學》1984 年第六期。

〔註9〕李玉瑉：《阿嵯耶觀音菩薩考》，臺北：《故宮學術季刊》第二十七卷第一期。

　　《南詔圖傳》文字卷還有這樣的記載：「乃於保和昭德皇帝（勸豐祐）紹興三寶、廣濟四生，乃捨雙南之魚，金仍鑄三部之聖眾。雕金券，付掌御書巂豐郡長封，開南侯張傍，監副大軍將宗子蒙玄宗等，遵崇敬仰，號曰：建國聖源阿嵯耶觀音」，從這段文字看，南詔王室開鑄阿嵯耶觀音應當始於勸豐祐時期。勸豐祐的繼任者世隆、世隆之子隆舜，都是虔誠乃至狂熱的佛教徒，隆舜對阿嵯耶觀音的崇拜更是到達了癡迷的程度，改元嵯耶，並自稱摩訶羅嵯耶，欽崇「聖像教」，熔真金鑄阿嵯耶觀音。《僰古通紀淺述校注》有這樣一段記載：「主為世子時，好四獵，至巍山，遇一老人。告曰：『世子能造觀音像否？如造，聲名所及，無不臣服。』曰：『能之，若造，須如來之像方可』。乃以兼金鑄阿嵯耶觀音。至是，遠見巍山巔有白氣，使李紫奴往，挖得銅鐘一，重三百兩，阿嵯耶觀音一位，自號摩訶羅嵯耶。」〔註10〕到了舜化貞時期，阿嵯耶觀音顯然已是官方信奉的至高神祇，在《南詔圖傳》由舜化貞親題的題記中，就專門對阿嵯耶觀音進行了讚頌：「大矣哉！阿嵯耶觀音之妙用也！威力罕測，變現難思，運悲而導誘迷塗，施權化而拯濟含識。順之則福至，逆之則害生。心期願諧，猶聲逐響者也。」〔註11〕

　　南詔國滅亡之後，在大理國三百多年統治期間，阿嵯耶觀音仍然是王室崇敬信仰的主要神祇。阿嵯耶觀音造像也基本保留舊有的圖樣模式，沒有太多變化，但鑄造工藝十分精湛，成為佛教造像藝術中之佼佼者。美國聖地亞哥藝術館收藏有一尊大理國段政興時期（公元 1147～1172 年）的阿嵯耶觀音像，該造像裙裾背後有一段銘文：「皇帝白票信段政興，資為太子段易長生，段易長興等造」可見，此是段政興為太子祈福所鑄〔註12〕。

二、對阿嵯耶觀音造像來源於東南亞的質疑

　　阿嵯耶觀音造型獨特，在印度、西藏及中國漢地都找不到造型相似的觀音造像，所以阿嵯耶觀音造型的來源成為雲南佛教史研究的一個難題。目前學界較為流行的觀點是阿嵯耶觀音的造型來自於東南亞。

〔註10〕　尤中校注，第 81 頁。
〔註11〕　李惠銓、王軍：《〈南詔圖傳‧文字卷〉初探》，《雲南社會科學》1984 年第六期。
〔註12〕　轉引自李玉珉：《阿嵯耶觀音菩薩考》，臺北：《故宮學術季刊》第二十七卷第一期。

　　首先提及這一觀點的是泰國學者 Nandana Chutiwongs，她在 *The Iconography of Avalokitesvara In Mainland Southeast Asia* 一書中，對東南亞地區的觀音造像作了詳細的分析比較，其中談到阿嵯耶觀音，她提出阿嵯耶觀音也許與占婆、墮羅鉢底、室利佛逝相關，但沒有作進一步研究。美國學者 Daviol Snellgroved 的著作 *The Image Of The Buddha* 中特別談到觀音像在整個東南亞地區的傳播並通過東南亞遠傳雲南。英國人 John Guy 在 *The Aavalokitesvara of Yunnan and Some South East Asian Connections* 一文專門分析了雲南觀音像與東南亞觀音像之間的聯繫，說明南詔與東南亞之間有著密切的關係。美國人 Angela Falco Howard 撰有《南詔國的鎏金銅觀音》一文，作者認為緬甸、泰國、越南對阿嵯耶觀音像的形成都有影響。

　　日本學者鎌田茂雄在《南詔國的佛教——中印佛教文化的融合》中談到，南詔國的佛教藝術與泰國、印度尼西亞半島的佛教藝術相關。新加坡國立大學古正美教授在多篇文獻中提及南詔、大理國的信仰具有東南亞地區天王信仰的特點，侯沖先生也非常支持這一觀點。臺灣李玉珉女士在《張勝溫『梵像卷』之觀音研究》中提出雲南觀音像是從中南半島佛教造像的基礎上發展而來，既有占婆的明顯因素，也有吉蔑、暹羅、爪哇的影響。羅照先生在《大理崇聖寺千尋塔與建極大鐘之密教圖象》一文中認為阿嵯耶觀音「應當來自安南或其南部地區，時間約在南詔攻陷安南的公元 862～865 期間。」〔註13〕

　　傅雲仙博士在《阿嵯耶觀音造像研究》一文中，對前人的觀點進行了系統梳理，通過東南亞和印度的佛教造型藝術的對比研究進一步完善了前人的觀點，並對古正美女士提出的阿嵯耶觀音是「南詔王權意識、民族意識精神崛起的產物」這一觀點進行了更深入的論證。同時也指出：「通過從圖象學上的比較，我們可以清楚地看到阿嵯耶觀音造像與東南亞造型風格十分相似，它來源於東南亞，這就是兩者在形制、體型、頭飾、髮型、裝飾、裝束、手勢等方面存在相當多共性的原因。儘管在東南亞沒有一尊觀音像與阿嵯耶觀音像完全一樣，然而，在整個造型模式和風格上，阿嵯耶觀音像都能在東南亞風格的觀音中找到對應的相似之處，尤其是在頭飾、裝飾和服裝細節方面與占婆觀音像的共同點更多、更明顯，占婆特色十分突出。因此，可以明確

〔註13〕 以上整理可參考傅雲仙：《阿嵯耶觀音造像研究》，南京藝術學院 2005 年博士論文。

的是阿嵯耶觀音造型顯然是屬於東南亞系統中占婆風格的觀音造型，其原型極有可能就是從占婆被帶到南詔」。〔註14〕

前面學者通過圖象學的比較，提出阿嵯耶觀音造型與東南亞觀音造型相似，二者有共同淵源，筆者並無疑義，但若是因此就認爲阿嵯耶觀音造像來自東南亞，那麼這樣的觀點卻存在很多疑點。筆者現將自己的疑問梳理如下：

東南亞地區的觀音造像。

圖片說明：（從左到右）墮羅鉢底觀音像；占婆觀音像；墮羅鉢底觀音像；柬埔寨吳
哥窟觀音像。圖片來源：傅雲仙：《阿嵯耶觀音造像研究》，南京藝術學院
博士學位論文。

首先，按照《南詔圖傳》的記載，阿嵯耶觀音信仰在南詔初期已經傳入，也就是在公元七世紀末、八世紀初。但公元十世紀中葉所修《舊唐書》在卷一四七《眞臘傳》中仍然記載：「國尙佛道及天神，天神爲大，佛道次之」，這裡的「天神」即指婆羅門教，由此可知十世紀前後，東南亞地區依然以婆羅門教信仰爲主，佛教信仰次之。在第二章中我們已經介紹過，佛教信仰直到九世紀前後才逐漸在柬埔寨等地逐漸興盛起來，在此之前婆羅門教一直是多個東南亞國家的國教。阿嵯耶觀音形象傳入南詔之時，正是東南亞地區婆

〔註14〕傅雲仙：《阿嵯耶觀音造像研究》，南京藝術學院2005年博士論文。

羅門教信仰的鼎盛時期，佛教信仰在這一地區還未興起，爲何此時傳入雲南的會是佛教神祇而不是婆羅門教神祇？

其次，阿嵯耶觀音是南詔的護國神，具有至高無上的地位。舜化貞在《南詔圖傳》的敕書中，對阿嵯耶觀音信仰的來源有這樣的描述：「大封民國聖教興行，其來有上，或從胡、梵而至，或於蕃、漢而來，弈代相傳，敬仰無異。」〔註15〕可見即便南詔皇帝本人，對阿嵯耶觀音的來源都模糊不清，在傳說中，有的說是從「胡梵」，即從波斯或印度而來，有的說是從西藏或漢地而來，唯獨沒有出現代表東南亞地區的「驃」或者「崑崙」字樣，如果阿嵯耶觀音眞的來自東南亞，從勸豐祐推崇阿嵯耶觀音到《南詔圖傳》成書不過短短七十年的時間，爲何連個傳聞都沒有留下來？對於從東南亞迎取「建國觀音、授國觀音」如此重要的宗教事件，爲何在後世史志文獻中也不到任何隻言片語的記載？

再次，南詔與當時東南亞地區的國家相比，在軍事、政治、經濟、文化的等各方面都處於較爲發達的地區——政治上全面採用了唐的政治形態；軍事足以與唐政權相抗衡，並發動多次征伐東南亞地區的戰爭；文化方面則深受漢梵兩大文明中心影響。一個強勢政權爲何會迎取比它弱小地區的神祇，將其奉爲護國神呢？

另外，爲何從東南亞只是孤立的傳入了觀音造像，而難以在南詔大理文化中找到其他東南亞地區宗教的元素？將一尊朝野上下都陌生的，毫無群眾基礎的神祇迎請來做護國神，對於鞏固統治有何益處？

可見，阿嵯耶觀音由東南亞地區傳入之說尚有諸多疑點需要商榷。

三、淺探阿嵯耶觀音源自於毗濕奴的可能

有學者提出，阿嵯耶觀音的造型與印度的毗濕奴造型非常相似，這種觀點零星見於一些文獻，例如鄧啓耀《五尺道述古》中《來自異域的觀音》一節中有這樣一段介紹：「法國朋友 M.Postel 送我的一本藝術畫冊《Antiquities of Himachal》，主要內容爲有關印度的宗教藝術考古。其中有一些作於公元 7～9 世紀的石雕、銅像和鑄造於 12 世紀以後的銅像，尺寸不大，造型和雲南的阿

〔註15〕 李惠銓、王軍：《〈南詔圖傳・文字卷〉初探》，《雲南社會科學》1984 年第六期。

嵯耶觀音頗爲相似。這些造像多爲印度教神祇，其中保護神毗濕奴（Visnu）的高髻（或冠）、直立的姿態、裙裾及腰帶纏式、光裸的上身和項圈臂釧，乃至背後的焰紋等，都有不少相似之處。我當然還不能確定它們之間的源流關係，但從直觀上看，那種裝束似乎是當時南亞一帶的流行式樣。它們應是有某些聯繫的。（印度作於公元 7～9 世紀的石雕、銅像和鑄造於 12 世紀以後的銅像。」〔註 16〕顧霞在《雲南福星「阿嵯耶觀音」》一文中介紹：「阿嵯耶觀音像，頭戴高冠，上身袒露，胸飾纓絡，雙臂戴三角形臂釧，寬肩細腰，腰繫花結飄帶，跣足等特點，與印度新德里國家博物館陳列展覽的公元九世紀時的毗濕奴石雕像有著驚人的相似之處」。〔註 17〕但筆者目前還未見有學者對這一觀點進行系統的論述。

筆者收集了數幅不同時期、不同地區（包括印度和東南亞地區）的毗濕奴造像，從中不難發現，高冠、寬肩、細腰、跣足、身材纖長、上身赤裸這些阿嵯耶觀音具有的典型特徵，不僅是東南亞地區觀音造像的特點，同樣是婆羅門教毗濕奴造像的普遍特徵，甚至於東南亞地區的觀音造像與毗濕奴造像在形態、外形、神態上都非常相似、難以區別。尤其值得注意的是，《張勝溫梵像卷》上的「眞身觀世音像」，與筆者找到的一幅南印度公元七世紀的毗濕奴雕像圖片，無論在造型、樣貌還是服裝樣式，都如出一轍，由此可以推測，阿嵯耶觀音造型，最早可能源自於印度的毗濕奴造型（見下圖）。

〔註 16〕鄧啓耀：《五尺道述古》，昆明：雲南美術出版社，2009 年。
〔註 17〕顧霞：《雲南福星「阿嵯耶觀音」》，《大理文化》2007 年第二期，第 60～61 頁。

圖片說明：左圖爲南印度公元七世紀的毗濕奴雕像，右圖爲《張勝溫梵像畫卷》中的
　　　　　阿嵯耶觀音像，二者不僅都具有高冠、寬肩、細腰、跣足、身材纖長、上
　　　　　身赤裸等共同特徵，而且二者的臂環、胸前瓔珞、腰帶以及紗裙的樣式都
　　　　　如出一轍，身材乃至樣貌也相仿，左圖下方有兩女童侍奉，而在《張勝溫
　　　　　梵像畫卷》阿嵯耶觀音像亦有女童侍奉於左右（見前一節圖片「《張勝溫
　　　　　梵像卷》上的阿嵯耶造型」）。

印度中部毗濕奴像（12 世紀）　　　印度西孟加拉國邦古普塔時期
　　　　　　　　　　　　　　　　　（Gupta period）毗濕奴造像（公
　　　　　　　　　　　　　　　　　元 5 世紀）

美國布魯克林博物館（Brooklyn
Museum）館藏毗濕奴像（11 世
紀）

南印度潘地亞王朝（Pandya
Dynasty）時期毗濕奴像（8～9
世紀）

印度馬圖拉毗濕奴像
（公元 4～5 世紀）

柬埔寨吳哥窟
毗濕奴像

柬埔寨毗濕奴像
（13 世紀）

印度仿古毗濕奴造像（當代）

柬埔寨吳哥窟毗濕奴像　　　福建泉州元代毗濕奴像

　　另結合前面論述的南詔早期傳入阿嵯耶觀音信仰的「梵僧」是婆羅門僧人的論述，可以推測出阿嵯耶觀音的「獨特」造型很有可能是源於毗濕奴。有兩個證據能夠進一步說明這個觀點：

1.《觀音鬥羅剎》傳說源自婆羅門教

　　在大理地區所有關於觀音的傳說之中，最為著名的就是《觀音鬥羅剎》

傳說，這一傳說在多部古代文獻中都有記載，而《白國因由》記載得較為詳
細，其大意是：

> 隋末唐初，羅剎久據大理，剜人眼、食人肉，人民苦受其害。
> 觀音來到此地決心為名除害，設計向羅剎借「袈裟一鋪，白犬四跳
> 之地」，羅剎父子以為些小地方，不以為意，並立券盟誓為憑。後來
> 觀音施展法術，袈裟一鋪，白犬四跳，竟然覆蓋了洱海，跨越了上
> 關、下關兩地，占盡了大理壩子。羅剎父子被囚禁在上陽溪石洞之
> 內，永世不能見天日。（原文：「於是觀音對眾將袈裟一鋪，覆滿洱
> 海之境；白犬四跳，占盡兩關之地，羅剎一見大驚，拍掌悔恨。此
> 時有五百青兵並天龍八部在雲端擁護，大作鑒證，而羅剎父子悔恨
> 不及矣」）。至今大理喜洲上陽溪箐口，仍有羅剎閣遺跡，當地白族
> 認為這就是當年觀音收服羅剎的所在。〔註18〕

在婆羅門教中，有一個關於毗濕奴化身侏儒拯救世界的著名傳說，與「白犬
四跳」的故事的情節異曲同工，「白犬四跳」的故事顯然是由毗濕奴的傳說演
變而來。毗濕奴這個傳說早在《梨俱吠陀》中已見端倪，經過數百年後，到
了往世書時代，故事更發展得委曲宛轉，首尾呼應。這個故事的情節大略如
下：

> 阿修羅大軍與眾神發生大戰，阿修羅的統帥缽利力量強大，無
> 人能阻擋，攻打因陀羅的天國都城時因陀羅棄城逃跑，缽利迅速征
> 服宇宙，並舉行了一百次馬祭，成為三界之王。眾神之母阿提底實
> 行牛奶戒以祈求毗濕奴幫助眾神。毗濕奴降生為她的兒子，這兒子
> 是一個侏儒。侏儒長大後，來到缽利王面前祈求一小塊地方。「我想
> 照著我腳步的大小，要你三步之地」，缽利王欣然答應，這時化身侏
> 儒的毗濕奴開始變大，直到大地、天空、星辰統統為其所囊括。他
> 一步量去了整個大地，兩步邁過了所有天上世界，再欲舉步，已經
> 無處可以容足。為了不負諾言，缽利說：「讓我拿我的頭來供你的蓮
> 足踏第三步吧！」見此，梵天開始為他求情，毗濕奴才饒恕了缽利。
> 自此被阿修羅佔據的宇宙又重新回到了因陀羅的手中。〔註19〕

〔註18〕 參考鄭筱筠：《佛教與白族本主崇拜神系》，《學術探索》2001 年第三期。
〔註19〕 參見萬維鈞：《毗濕奴及其一千名號（續二）》，《南亞研究》2006 年第一期，
第 54～55 頁。

白族地區長期流傳著一個由毗濕奴神話演變而來的神話故事，主人公由毗濕奴變為了觀音，可見白族地區的觀音信仰與毗濕奴信仰確實存在某種淵源關係。

2. 白族民間信仰中觀音的神格特點更接近毗濕奴

在白族民間信仰中，觀音是至高無上的守護神，無論是釋迦摩尼佛還是阿彌陀佛，在白族民間信仰中都難見到一席之地——在彝族土主廟及白族本主廟中，觀音極為常見，但釋迦摩尼佛、阿彌陀佛等卻十分罕見。在白族傳說中，自然氣候的好壞、年景的豐欠、疫病的有無，都是觀音保祐與否的結果，人類掌握的農業技術、醫療技術等，也都是觀音的賜給，可見觀音在民間信仰中是世界的主宰、萬物的守護神。在佛教中，雖說觀音的地位也很重要，但都處於協從位置，協助佛陀或者阿彌陀佛度化眾生，並非地位最高，更沒有觀音主宰世界的觀念。相比之下，毗濕奴在婆羅門教中是至高無上的主神，掌維護宇宙之權，是整個世界的保護者。由此可見，白族民間觀念中觀音「主宰萬物」的神格特點，更接近於婆羅門教中的毗濕奴而非佛教中的觀世音。

另外，佛教中也沒有觀音或佛陀拯救整個世界的觀念或傳說。然而無論是《觀音鬥羅剎》傳說、《觀音負石阻兵》傳說還是觀音開拓大理壩子的傳說，都給觀音賦予了濃重的「救世主」色彩。這種「救世」形象不同於佛教中觀世音的「救苦救難」，佛教中觀世音的「救苦救難」通常表現為對個人面對水、火、牢獄等災害時的救贖，如《法華經・觀世音普門品》描述的那樣：「若有持是觀世音菩薩名者，設入大火，火不能燒……若為大水所漂，稱其名號，即得淺處……假使黑風吹其船舫，飄墮羅剎鬼國，其中若有乃至一人稱觀世音菩薩名者，是諸人等，皆得解脫羅剎之難……設復有人，若有罪、若無罪，杻械枷鎖檢繫其身，稱觀世音菩薩名者，皆悉斷壞，即得解脫」。而白族傳說中的觀音，通常是在整個大理壩子發生危機時前來救贖，如《觀音鬥羅剎》中整個大理壩子被羅剎侵佔，《觀音負石阻兵》中大理壩子即將被敵兵侵佔，觀音開拓大理壩子則是整個大理壩子被水淹沒……在洱海地區白族群眾的觀念中，「大理壩子」就代表了他們生存的整個世界，因此「拯救大理壩子」本質上是一種「拯救世界」的觀念。

相比之下，「拯救世界」正是印度神話中毗濕奴神格特點的最核心部分，毗濕奴神話中最著名的故事都與他整救世界有關，印度家喻戶曉的毗濕奴的

十個化身：魚、龜、野豬、人獅、侏儒、持斧羅摩、羅摩、黑天、佛陀和迦爾吉關，就對應著十個毗濕奴拯救世界的故事。

由此可見，觀音在「拯救大理壩子」傳說中所表現出的「救世主」的神格特點，與毗濕奴神話傳說中「拯救世界」的內核更爲吻合，這也說明了白族的觀音信仰有可能受到過毗濕奴信仰的影響。

第四節　毗濕奴——阿嵯耶說析疑

上一節中，筆者提出了阿嵯耶觀音造型源自於毗濕奴的說法，這其中仍然有許多疑問需要進一步詮釋說明。

一、爲何阿嵯耶觀音形象會與東南亞觀音造型一致？

筆者認爲有兩種可能：

第一種可能：東南亞地區長期盛行毗濕奴信仰，例如驃國最早建立的城邦國家即以毗濕奴命名；柬埔寨安哥寺代表了柬埔寨藝術最高的成就，爲蘇利耶跋摩二世（公元 1113～1150）統治時修建，其中供奉的主神即是毗濕奴。因此觀音信仰傳入東南亞之後，由於觀音的諸多宗教特徵都與毗濕奴相似（詳見後文論述），毗濕奴的造型有可能對觀音造像產生重要影響，甚至於毗濕奴信仰與觀音信仰相互之間有可能發生了混淆，所以東南亞的觀音造像出現了典型的毗濕奴造型特徵，對比前一節中東南亞觀音造像的圖片與毗濕奴造像的圖片，我們也確實可以發現二者有很多相似之處。由於兩個地區的觀音信仰都分別受到毗濕奴的影響，所以出現了相似的獨立造像。

第二種可能：南詔時期，南詔是東南亞地區一個強大國家，南詔曾經贏得天寶戰爭，這直接導致唐政權陷入「安史之亂」，從此唐政權一蹶不振。世隆時期，南詔還數度攻入成都，不僅擄掠大量工匠，還擄掠大批官吏到南詔任職，以提高其行政效率。對於東南亞地區，南詔發動了數次對外戰爭，《蠻書》記載南詔於「太和六年（832 年）劫掠驃國，虜其眾三千餘人隸配拓東（今昆明），令人自給」；又「太和九年（835）破其國（彌臣國），劫金銀，虜其族三二千人，配麗水淘金。」在咸通元年（公元 860 年）和咸通三年（公元 863 年），還兩度攻陷安南，殺戮唐朝軍隊十五萬人之眾，降伏安南不論遠近大小諸部落部族，而且長驅深入直到占婆的北部地區。

南詔疆域最大時，「東距爨，東南屬交趾，西摩伽陀，西北與吐蕃接，南女王，西南驃，北抵益州，東北際黔巫。」（《新唐書・南詔傳》），將現今越南、緬甸、泰國、老撾的北部區域都納入了自己的勢力範圍，當之無愧的是當時東南亞第一強國。《南詔野史》卷上載：「唐僖宗乙巳光啓元年（885年）……崑崙國獻美女於舜（隆舜），甚見寵幸。」〔註20〕可見東南亞地區國家紛紛向南詔進貢以示好。

　　這樣一個東南亞地區的強勢國家，更有可能成為宗教文化的主動輸出者，而非成為被動的接受者，因此東南亞的觀音造像與阿嵯耶觀音相似，這有可能是受到南詔輸出的結果。而且南詔向東南亞地區發動的幾次大規模戰爭都發生在世隆時期，這一時期阿嵯耶已被確立為南詔的護國神，世隆更是南詔歷代王中對佛教信仰最為狂熱的一個，在《梵像畫卷》中，世隆就被描繪成本土的四祖之一，與建國觀音、贊陀崛多並列，他在對外戰爭之中，有可能把本土信仰推廣到其他地區。

二、為何來自婆羅門教的毗濕奴會被指認為佛教的觀音而被長期信奉？

　　這個問題不難在《南詔圖傳》中找到答案。第七化中對阿嵯耶觀音名稱的來源有這樣的記載：「保和二年乙巳歲，有西域和尚菩立陁訶來至我京都云：『吾西域蓮花部尊阿嵯耶觀音從蕃國中行化至汝大封民國，如今何在？』語訖，經於七日，終於上元蓮宇。我大封民國始知阿嵯耶來至此也」〔註21〕。從這段文字來看，在「菩立陁訶」來到南詔之前，民間已經開始流行阿嵯耶觀音信仰，但並無阿嵯耶觀音之名，甚至在第六化中有這樣的描述「人機暗昧，未識聖人。雖有宿緣，未可教化」，可見當地人可能並不清楚「阿嵯耶觀音」（實為毗濕奴）是何方神聖，而將這一信仰指認為觀音信仰，並為其命名為「阿嵯耶」，實為佛教僧人「菩立陁訶」一家之言，只不過這一時期勸豐祐在贊陀崛多等佛教僧人的教化之下，全面接受了佛教信仰，於是也就接受了佛教僧人的一家之說，並憑藉官方的話語權，將其轉變為南詔全國上下的共識，這種觀念也就一直流傳至今。

〔註20〕　（明）楊升庵撰：第 65 頁。
〔註21〕　李惠銓、王軍：《〈南詔圖傳・文字卷〉初探》，《雲南社會科學》1984 年第六
　　　　　期。

　　將洱海地區民間早已信奉的毗濕奴指認爲阿嵯耶觀音，並將其奉爲護國神，對於勸豐祐和佛教僧人來說都有好處。對佛教僧人而言，將原先已經被當地民眾廣泛接受的信仰指認爲佛教信仰，可以使佛教迅速得到認同；對於勸豐祐而言，將民眾廣泛接受的神祇奉爲護國神可以加強統治的根基，同時轉變原來神祇的宗教屬性，又可以斬斷以往宗教勢力的束縛——事實上在勸豐祐時期，南詔顯然發生了很多重要的政治變革，勸豐祐去世之後，其子世隆立即叛唐，自稱皇帝，在此之前勸豐祐必然爲南詔的獨立做了大量鋪墊工作。從《南詔圖傳》等文獻分析，宗教變革應該是其政治變革的內容之一，《南詔圖傳》所載「廢雙南之魚」，大力推崇佛教，筆者認爲有可能是出於遏制原先國師（婆羅門祭司）勢力的需要，從《董氏族譜》來看，自勸豐祐時期開始，世襲爲國師的董氏家族就沒有人再被授予宗教職務，直到南詔滅亡，董氏家族才又恢復了世襲的國師地位。因此勸豐祐轉變原先毗濕奴信仰的宗教屬性，應當有其政治上的必然性。

　　另外，能夠將兩個宗教的不同神祇指認爲一個，並長期被人們接受，必然需要兩尊神祇在宗教屬性上有相似之處，如果我們對比毗濕奴和觀音，會發現二者的宗教意義有諸多重要的相似特徵：

　　1. 二者都以智慧、仁慈、救苦救難的形象出現。婆羅門教中，「毗濕奴是保護之神，他是知識和智慧的化身，也是一切善的觀念的象徵。作爲仁慈善良之神，他輕責難而重施恩。信徒可以通過虔信而得其救度。作爲人類的保護者和正法的維護者，他以保持世界的秩序和穩定爲己任。每當世間的正法受到威脅和破壞時，他便會以化身的形式下凡，驅除邪惡，恢復正義。」〔註22〕人若是被世界上的問題困擾，他會永遠給他們帶來幸福。而在佛教之中，觀世音具有無量的智慧和神通，大慈大悲，普救人間疾苦。當人們遇到災難時，只要念其名號，便前往救度。

　　2. 二者都經常以化身救度世人。婆羅門教中，毗濕奴常常在世界發生危機時化身爲各種形象拯救世人，《薄伽梵往世書》曾經列舉出毗濕奴的二十二種化身，然而又說：「訶利（指毗濕奴）來自善海的化身是無數的，就像來自千湖那從不乾涸的溪流無數一樣。強有力的仙人、神明、生主、摩奴及其子

〔註22〕 葛維鈞：《毗濕奴及其一千名號（續三）》，《南亞研究》2006 年第二期，第 52 頁。

嗣，據稱全是訶利的一小部分」〔註23〕；而在《法華經·普門品》中對觀世
音菩薩的描繪是「應以長者、居士、宰官、婆羅門婦女身得度者，即現長者、
居士、宰官、婆羅門婦女身而爲說法。應以童男、童女身得度者，即現童男、
童女身而爲說法。」以無數化身教化世人，是佛教中常用的度化眾生的手段，
從這個角度講，兩者具有很大的相似性。另外，印度教的毗濕奴和佛教觀音
都有千手千面的造型，有學者分析，觀音信仰和毗濕奴信仰都與早期的太陽
神信仰有關等等〔註24〕。由此可見，毗濕奴與觀音菩薩在宗教意義上有諸多
相似之處，這也是「菩立陁訶」能夠移花接木，將毗濕奴指爲觀音的重要先
決條件。

　　通過上面的討論，我們得出了阿嵯耶觀音造型源自於毗濕奴的結論。結
合前面幾章的討論，我們可以勾勒出毗濕奴演變爲阿嵯耶觀音信仰的脈絡：

　　早在公元七八世紀之交，來到南詔佈道的婆羅門僧人帶來了毗濕奴信
仰，這一信仰有可能與本土信仰發生融合，形成了西洱河神信仰，爲王室所
重視，王室中還有世襲的祭司，每年都要舉行盛大的祭祀活動。另一方面，
民間也開始鑄造和供奉毗濕奴神像。到了公元九世紀上半葉，婆羅門教在南
詔經過一百多年的傳承，已經廣泛的被民眾接受，但由於流傳年代久遠，婆
羅門教傳入的源頭非止一端，其間還夾雜著佛教信仰的傳入，所以這時民眾
對婆羅門教的源頭和宗教屬性並不十分瞭解，如《南詔圖傳》的敕文中所言：
「大封民國聖教興行，其來有上，或從胡、梵而至，或於蕃、漢而來，弈代
相傳，敬仰無異……雖典教而入邦，未知何聖爲始。」〔註25〕

　　這一時期，勸豐祐受到佛教僧人的影響，亦或出於政治上擺脫原先宗教
勢力束縛的需要，開始大力推崇佛教，對於原先的王室信仰，採用了禁絕的
方式，「廢雙南之魚」，對於原先的祭司採用了停止冊封宗教封號的策略，而
對於民間已經較爲盛行的毗濕奴信仰，則巧妙的利用毗濕奴與觀世音在宗教
意義的相似性，移花接木，將毗濕奴信仰轉變爲阿嵯耶觀音信仰，並將阿嵯
耶觀音奉爲護國神（不排除在此之前毗濕奴已是南詔護國神的可能）。勸豐祐

〔註23〕　轉引自葛維鈞：《毗濕奴及其一千名號（續二）》，《南亞研究》2006 年第一期，
　　　　　第 52 頁。
〔註24〕　相關論述可參考李利安：《印度觀音信仰的最初形態》，《世界宗教研究》2006
　　　　　年第三期。
〔註25〕　李惠銓、王軍：《〈南詔圖傳·文字卷〉初探》，《雲南社會科學》1984 年第六
　　　　　期。

之子世隆，其孫隆舜，都是虔誠的佛教徒，這使婆羅門信仰進一步受到抑制，而將毗濕奴稱爲阿嵯耶觀音的做法進一步被官方強化，同時隨著世隆時期幾次大規模的對外戰爭，阿嵯耶觀音的形象有可能被傳播到東南亞地區，對東南亞的觀音信仰發生了影響。

　　原先南詔民間的毗濕奴信仰，仍然有著較爲深厚的民眾基礎，雖然官方已經將其改名爲阿嵯耶觀音，試圖將其與佛教的觀音信仰融爲一體，但民間信仰的傳播仍然保持著一定的獨立性，所以白族民間的觀音形象仍然保持著一定的毗濕奴的特徵：觀音是獨立於佛教神祇系統之外的最高保護神，民間的觀音塑像仍然以早期梵僧的形象出現，圍繞觀音的神話傳說仍然保留了毗濕奴神話的特點等等。

第八章　雲南大黑天神信仰研究

大黑天是婆羅門教中濕婆的化身，後來被密教吸納後成爲密教護法神，在藏傳佛教中的地位尤爲重要。大黑天神信仰在雲南民間十分普遍，過去一直認爲這一信仰來自於佛教。不過筆者通過研究發現，單從大黑天神信仰傳入雲南的時間這個角度來看，這一信仰似乎都不大可能來自西藏，也不大可能來自印度密教。從大黑天在雲南民間的相關傳說來看，民間大黑天信仰甚至與佛教也可能無太大關係，相反，這一信仰卻具有濃重的婆羅門教色彩。

第一節　大黑天神信仰在雲南的狀況與地位

大黑天（梵語：Mahākāla，藏語：Gonpo）又意譯爲大黑、大時、大黑神或大黑天神等，或者直接音譯爲摩訶迦羅、莫訶哥羅、瑪哈嘎拉等名稱，本是印度教濕婆神的化身，後爲佛教密宗所吸收，遂成爲密教的護法神。在印度密宗裏，大黑天神是密宗最高本尊摩訶毗盧庶那（大日如來）的化身，專門降服各種各樣的魔鬼〔註1〕。

大黑天信仰在滇池、洱海地區十分盛行，與當地信仰融爲一體，多被奉之爲當地村寨或地區的保護神或福主，白族稱爲「本主」，彝族稱爲「土主」，只負責守護一村一寨，甚至只是本主廟的一個配神。迄今大理、巍山、洱源、劍川、鶴慶等地的本主廟中，仍多奉大黑天神。大黑天神在滇中地區已經完全融入地方信仰之中，土主廟中的大黑天神造型大多五花八門，與佛教大黑天相比出現了較大差異。一些雖然也是經典的三首六臂造型（也有單首的），

〔註 1〕 李玉珉：《南詔大理大黑天圖象研究》，《故宮學術季刊》第十三卷第二期。

但手裏執的東西卻與佛教裏的「大黑天」不盡相同。一些地方對大黑天神從外貌到行為都進行了脫胎換骨的本土改造，如大理市崇義村的大黑天神被人們塑為文質彬彬的文臣模樣，穿衣，戴帽，著鞋襪，長著兩縷鬍鬚，黑臉，額前多了一隻眼。在旁邊還有一尊大黑天白族妻子的塑像；雲龍縣順當井、松水等村的大黑天神本主有三位妻子，一位是麗江娘娘，麗江人；一位是鶴慶娘娘，鶴慶人；一位是吳氏娘娘，是本地吳家的姑娘，並且還傳說有一位不知姓名的娘娘躲在本主身後〔註2〕。滇中地區還流傳著大量有關大黑天神的民間傳說，如吞瘟丹的故事、清官斗莽的故事、大黑天斗母豬龍的故事等。

大理喜洲鎮唐梅寺大黑天神造像（以上圖片來源：董建中《銀蒼玉洱間的神奇信仰——白族本主崇拜》。）

大理下灣村大黑天神

大理下灣村村民手舉大黑天神牌位舉行迎大黑天的活動

〔註2〕董建中：《銀蒼玉洱間的神奇信仰——白族本主崇拜》，成都：四川文藝出版社，2003年，第64～65頁。

腳踏小鬼的大黑天本主像　　　　大理蓬莪村黃牛本主廟中
　　　　　　　　　　　　右側的神龕中供奉的大黑天神

　　如果說本主廟中的大黑天神隸屬於民間信仰體系,那麼在南詔大理歷史上還有一個隸屬於官方佛教信仰的大黑天神,這個官方「大黑天神」形象體現在南詔大理時期的繪畫、雕像之中,也體現在大理佛教的儀軌之中。目前雲南所存的考古遺物中,最早的大黑天像爲劍川石鍾山石窟第十六號龕的大黑天浮雕。此龕位於石鍾山沙登村後崖壁上,大黑天與手托寶塔的北方毗沙門天王浮雕分居一石縫兩旁,從風格觀之這組浮雕應屬南詔晚期九世紀的作品。在其他的大理國及元明時期的佛教畫像、造像中也多有大黑天形象出現:在祿勸縣密達拉鄉三台山的崖壁上,有兩尊大理國時期浮雕立像,一尊爲三目四臂的忿怒護法,其側榜題「大聖摩訶迦羅大黑天神」,其旁有一尊手持三叉戟的天王像,其側榜題「大聖北方多聞天王」;大理喜州金圭寺村歸源寺遺址出土了一件石雕,一面爲大黑天浮雕,另一面則爲北天王毗沙門天浮雕;另外《張勝溫梵像卷》中有數幅大黑天的圖象,大理崇聖寺三塔主塔(千尋塔)塔頂出土的遺物中,亦有數件大黑天神像。從現存的南詔、大理大黑天作品來看,雲南大黑天的形象特徵如下:現忿怒護法相,身軀粗壯,頂戴髑髏冠,身佩髑髏或人頭項環,以蛇爲瓔珞。或爲四臂,或爲六臂,以三叉戟、血杯、絹索和念珠爲其最重要的持物;大黑天還常與北方多聞天王一同出現,這是白族佛教獨有的一組搭配。另外董氏阿吒力僧家祠所出的大理國殘經中,還有關於大黑天的法事儀軌,儀軌中說大黑天能夠護衛國家,引導眾生同證菩提,又可使人延年益壽〔註3〕。

〔註3〕李玉珉:《南詔大理大黑天圖象研究》,《故宮學術季刊》第十三卷第二期,第23~26頁。

劍川甲子寺分居絕壁兩側的大黑天神造像　　　《張勝溫梵像卷》中的
與毗沙門天王造像　　　　　　　　　　　　　大黑天神

　　以往研究中，學者們多認爲雲南大黑天信仰來自印度密教，將崇尙大
黑天神作爲白族佛教是密教的重要證據，各位白族佛教專家在這方面的論
述很多，如：方國瑜《新纂雲南通志・宗教考》中稱：「阿闍梨教，密宗也。
祀大黑天神爲護法」；王海濤《雲南佛教史》中說：「南詔統一六詔，很大
程度上借助了佛教密教的力量，因此南詔各主都特別崇奉觀音、大黑天」；
李東紅《白族佛教密宗阿吒力教派研究》：「有人認爲對大黑天神的崇拜包
含著對生殖力的崇拜……屬於密宗性力崇拜。大黑天神受到廣泛崇拜的另
一個原因，便是它是大日如來的化身。」但仔細考察民間信仰中大黑天神
的形象、職能、神話傳說等特徵，可以發現他與佛教中的大黑天有著根本
的差異，已經構成了一個獨立的信仰體系，可以說是一尊獨立於佛教信仰
之外的神祇，不能與佛教大黑天混爲一談。筆者認爲，民間信仰中的大黑
天神其實直接來自於隋唐時期傳入雲南的婆羅門教而非佛教，大理佛教中
頻繁出現大黑天形象可能與民間信仰有一定關係，不過大理官方信仰中的
大黑天最終還是受到漢地佛教的深刻影響，成爲與民間大黑天神並行的兩
個體系。

第二節　從大黑天神傳入雲南的時間看大黑天神信仰
　　　的起源

　　大黑天神信仰興起的時間，對於判斷這一信仰的來源有重要意義。按元代王升撰《大靈廟碑記》的記載，大黑天信仰始於南詔三世祖晟邏皮（712～728 年在位）之時：「蒙氏威成王尊信摩訶迦羅大黑天神，始立廟肖像祀之，其靈赫然。世祖以之載在祀典，至今滇人無間遠邇，遇水旱疾病禱之，無不應者。」〔註4〕元張道宗《紀古滇說集》的記載亦同此說：「威成王誠樂立，乃第三世也……始塑大靈土主天神聖像，曰摩訶迦羅。」〔註5〕清代《雲南通志》卷十五「大靈廟」一條也有這樣的記載：「大靈廟在府城內城隍廟東，即土本廟，神爲摩訶邇羅，蒙氏城滇時建，其像乃蜀匠羅都道太所造，有天竺僧菩提巴坡以秘咒丹書。納像中復以手中菩提念珠一枚，種之庭前，成樹焉，神屢著靈異，滇人奉爲土神，村邑處處奉之。」〔註6〕從這些記載來看，雲南大黑天神信仰應該興起於唐初。並且按《紀古滇說集》的記載，大黑天神信仰的興起與昆明城的建立還有重要的淵源關係，雖說《紀古滇說集》距離蒙氏時期已有五百年之遙，但其中透露出的信息不可小覷，這段文字如下：

　　　　威成王誠樂立，乃第三世也。王威服諸邦，崇信佛教。時有點人楊道清者，殉道忘軀，日課經典，感現觀音大士，遐邇欽風，漁者焚網於點水之旁，酒家驅其器具，皆以利物爲心。蒙氏威成王聞知，及親幸於滇，冊道清爲顯密融通大義法師。始塑大靈土主天神聖像，曰摩訶迦羅，築滇之城，以龜其形，江縈之蛇，其相取義『易』之旣濟，王慕清淨法身，以摩訶迦羅神像立廟以鎮城工，五年龜城完也。〔註7〕

從這段文字可以看出，雲南興起大黑天信仰與一位叫做「楊道清」的僧人有關，「楊道清在滇池地區大力宣揚「佛教」，教化一方，「殉道忘軀」，使得當地居民「漁者焚網於滇水之旁，酒家驅其器具，皆以利物爲心」，南詔王晟邏皮崇聽聞之後，便親赴滇池地區，冊封楊道清並塑造「土主天神」摩訶迦羅

〔註4〕　（景泰）《雲南圖經志書》卷一，《續修四庫全書》第 681 冊，第 23 頁。
〔註5〕　《玄覽堂叢書初輯》第七冊，臺北：正中書局，1981 年，第 351 頁。
〔註6〕　文淵閣《四庫全書》本。
〔註7〕　《玄覽堂叢書初輯》第七冊，第 351 頁。

（即大黑天）的聖像，並開始「築滇之城，以龜其形」，並以摩訶迦羅爲「龜城」的守護神。

其中有幾個問題值得注意。

首先，在晟邏皮塑大黑天象之前，滇池地區的民眾已經在楊道清的教化之下流行某種信仰，以至於漁家焚網、酒家毀器，並且此時大黑天神已經是當地的土主天神，這種信仰興起於滇池。雖說《紀古滇說集》稱楊道清傳播的是佛教，但隋唐時期與雲南毗鄰的緬甸、越南、泰國、柬埔寨等地區婆羅門教一度十分興盛，而且楊道清信奉的大黑天神原本就是婆羅門教神祇，因此當時滇池地區傳播的可能是婆羅門教，只是區分佛教與婆羅門教是十分困難的，於是人們就誤認爲是佛教了。

其次，大黑天神信仰最初興起的地區應該是滇池而非大理，這也可以解釋爲何自元代開始，白族的勢力範圍退縮到洱海地區之後，經歷了八百餘年，滇池地區本主廟中供奉大黑天神還比大理地區更爲普遍。

再次，按《紀古滇說集》的記載，晟邏皮塑立大黑天神像，將其奉爲新修造的「龜城」的守護神有一定軍事意義。在歷代史志中，「龜城」又多被稱爲「拓東龜城」，據考證就是今日昆明城的前身，在南詔時期的《南詔德化碑》就有明確的修築拓東城的記載，之所以稱爲「拓東」是因爲南詔初期統治雲南的四百餘年的爨人，勢力仍然盤踞在昆明以東的曲靖地區，修築「龜城」實爲向東拓展之根據地，因此「龜城」是南詔的軍事要塞〔註8〕，以大黑天神爲守護神，其軍事意義就不言而喻了。

另外一些資料也可以佐證大黑天神在南詔時期具有軍事意義。

大理市才村的本主廟中至今仍以「大黑天神景莊皇帝」爲本主，景莊帝是南詔八代王世隆（844年～877年）的諡號，世隆在南詔歷代諸王之中是最好戰的一個，他不僅終止了南詔對唐的附庸關係，自封爲皇帝，繼位之初每年都要襲擾四川等地，多次挑起南詔與唐的戰爭，大理的本主廟中將南詔的第一位皇帝「景莊皇帝」視爲「大黑天神」，也說明南詔時期的大黑天形象具有戰神含義。

再則，南詔大理的佛教雕塑、繪畫中，大黑天神常與北方多聞天王一齊出現，成爲白族佛教中獨有的神祇組合，並且劍川石鍾山、祿勸密特拉鄉的

〔註8〕 字應軍：《關於南詔拓東城的一些問題》，收於《2005：歷史的輝煌——紀念昆明建城1240週年、鄭和下西洋600週年、護國運動90週年》，2005年。

大黑天與多聞天王組合都雕刻在地勢險要的崖壁之上，似有一定的軍事含義。

更重要的是，唐代漢地佛教中，多聞天王是極爲重要的戰神。多聞天王又稱爲毗沙門天王或毘沙門天，在唐不空譯《北方毗沙門天王隨君護法儀軌》中記述說：天寶元年（742年）安西城被蕃軍圍困，毗沙門天王於城北門樓上出現，三五百名神兵穿金甲擊鼓聲震三百里，地動山崩，蕃軍大潰，唐明皇爲感恩，特命「諸道州府城西北及營寨並設其相」供養，佛寺也特設別院供養。故多聞天王被唐軍遵崇爲「軍神」，單獨立廟祭祀，軍隊駐營普遍建有天王堂〔註9〕。這種對多聞天王的崇拜也流入到了日本，日本戰國時期的上杉謙就特別信奉毘沙門天，自詡爲毘沙門天的化身，高舉「毘」字戰旗進行戰爭，並在軍旗上畫有多聞天王像。

南詔是一個以軍事立國的國家，南詔的軍隊又深受唐軍影響，南詔與唐既有過密不可間的軍事合作，亦有過最爲激烈的軍事對抗，在「天寶戰爭」中戰死的唐軍將領李宓還被白族人奉爲「本主」，因此南詔佛教中出現大黑天神與北方多聞天王的獨特組合，有可能是南詔與唐朝的軍事信仰融合在一起的結果。

如果南詔時期的「大黑天神」具有「戰神」含義這一點可以得到肯定，但我們在唐代漢地和印度佛教中有關大黑天的文獻中，卻找不到大黑天具有「戰神」的記載。元代佛教之中，大黑天確實作爲重要的戰神出現，而元代佛教深受藏傳佛教影響，那麼雲南大黑天神具有的軍事含義，是否來自於西藏或其他印度宗教呢？從現有資料來看，印度從十一世紀起，大黑天才在印度佛教中的地位顯著提升，印度僧侶開始編纂大黑天儀軌，造像數量遽增，印度現存的大黑天象也多是十一、二世紀的作品。大黑天信仰傳入西藏的時間也應在十一世紀初，由古格王國高僧仁欽桑布（Rinchen Sangpo，958年～1055年）最早宣揚大黑天神法〔註10〕。南詔興起大黑天神信仰的時間要早於印藏兩地三百餘年，因此沒有來自密教的可能

按照文獻記載，唐代印度和漢地的佛教寺院中都已經開始供奉大黑天了，那麼大黑天神的形象是否有可能來自於佛教顯教呢？

〔註 9〕　張永安：《敦煌毗沙門天王圖象及其信仰概述》，《蘭州大學學報》2007 年第六期，第 60 頁。

〔註10〕　李玉珉：《南詔大理大黑天圖象研究》，《故宮學術季刊》第十三卷第二期，第 32 頁。

　　按照唐代義淨（635～713）在《南海寄歸內法傳》中記錄的見聞來看，唐代之時印度佛教寺院中已經盛行供奉大黑天：「西方諸大寺處，咸於食廚柱側，或在大庫門前雕木表形，或二尺三尺爲神王狀，坐抱金囊卻踞小床，一腳垂地。每將油拭，默然爲形，號曰莫訶哥羅，即大黑神也。古代相承云：是大天之部屬，性愛三寶，護持五眾使無損耗，求者稱情。但至食時，廚家每薦香火，所有飲食隨列於前。」〔註11〕當時這種大黑天信仰也已經傳入漢地，在南方地區較爲盛行，義淨說「淮北雖復先無，江南多有置處，求者效驗，神道非虛」〔註12〕，而按《大黑天神法》的記載，漢地對大黑天的信仰也與印度相似：「大黑天神者，堅牢地天化身也，伽藍安之，每日所炊飯上分供養此天。」〔註13〕從上述記載看，無論在印度佛教還是漢地佛教中，大黑天都不是重要神祇，難以想像這樣一個形象傳入雲南後能遍地開花，另外顯教中的大黑天都不具有軍事意義，其地位類似於現在的「灶王爺」。而大黑天的信仰由中國傳到日本之後，演變爲「七福神」之一的財神，現在日本的貨幣上就印有大黑天象，這應當是唐代大黑天「灶王爺」形象的延伸。

　　可見無論印度還是漢地佛教的顯教中，大黑天都不具有戰神含義。由此推測，雲南興起的大黑天信仰很有可能來自婆羅門教。

　　那麼婆羅門教中的大黑天是否具有戰神含義呢？

　　在印度，大黑天原是印度教濕婆神的變身，這一信仰在笈多王朝時（公元四至六世紀）已經成立。公元五世紀時，中印度已有大黑天神廟的興建。據五世紀印度詩人卡里達沙（Kalidasa）的描述，大黑天神像膚色黝黑，一手持三叉戟。七世紀印度教的經典提及，大黑天神圓目凸腹，怒面獠牙，鼻翼寬闊，身佩髑髏長環，並以蛇爲瓔珞。這些圖象特徵都與雲南所見的佛教大黑天象相近。〔註14〕婆羅門教中，濕婆是毀滅之神，其化身大黑天以手提三叉戟的憤怒像出現，胸前掛有骷髏而且嗜血，這都具有大黑天能給人類帶來戰爭殺戮的含義。在婆羅門教關於大黑天的傳說中，也有眾多與戰爭有關的故事。

〔註11〕　王邦維校注：北京：中華書局，1995年，第51頁。

〔註12〕　王邦維校注：《南海寄歸內法傳》，第52頁。

〔註13〕　（唐）神愷記：《大正藏》第21冊，第355頁中。

〔註14〕　李玉珉：《南詔大理大黑天圖象研究》，《故宮學術季刊》第十三卷第二期，第35頁。

　　《濕婆往世書》有歌頌大黑天的篇章，題爲「大黑天的榮耀」，講了兩個關於大黑天的故事皆與戰爭有關。

　　第一個故事說戴蒂亞國派軍隊圍攻阿般提城，城中婆羅門得悉對方意圖後，立即入定觀想濕婆神，祈請濕婆神以度一切苦厄。軍隊入城大喊屠城之時，濕婆神化身爲可怕的大黑天，並說：「余乃死神大黑天，今將摧毀邪惡帶罪如汝者，汝當於婆羅門前速離此地」，不久大黑天殺掉部分敵軍，餘皆倉皇離開。

　　第二個故事說一位叫月軍的國王是濕婆信徒，其他城邦的國王十分妒忌他的財富，便聯合他們決定聯合對付月軍，準備攻打入城。國王月軍唯有祈請化身爲大黑天的濕婆神協助，他日以繼夜地祈請，心無旁鶩，感動了濕婆神，於是決定幫助國王度此苦厄。後來經濕婆，其他國王得知月軍是一虔誠無比的濕婆信徒，便棄械議和，更虔誠的信仰大黑天神。〔註15〕

　　從這兩個故事中可以看出，在婆羅門教中大黑天具有非常典型的戰神含義，當婆羅門教徒遭遇戰爭時，都會虔誠的祈請大黑天相助，婆羅門教的這一傳統可以解釋《紀古滇說集》中記載的晟羅皮將大黑天神奉爲「龜城」這個軍事要塞的守護神一事。

第三節　濕婆「青頸」傳說與大黑天「吞瘟丹」傳說

　　婆羅門教關於濕婆的傳說中，濕婆吞服毒藥拯救世界的故事十分著名。葛維鈞在《濕婆和「贊辭之王」》一文對故事作了這樣的介紹：「拯救世界的故事當以濕婆喚作『青頸』的得名始末最爲典型。當初眾神和阿修羅爲求甘露而攪乳海。他們用曼陀羅山做攪棍，蛇王婆蘇吉做攪繩，從大海中攪出了月亮、寶石、神馬、巨象、寶樹、天女、如意神牛蘇羅皮、醫神檀文陀梨和甘露等十四種寶，但最初出現的卻是劇毒藥迦羅拘吒。迦羅拘吒足以使世界化爲灰燼。眾神膽破，阿修羅亦四散奔逃。梵天率眾神向濕婆求救，濕婆遂將毒藥放入自己口中。雪山神女大爲驚恐，一把掐住他的喉嚨，企圖阻止毒液下注。與此同時，毗濕奴也伸手堵住了他的嘴，以避免毒藥外瀉。結果，迦羅拘吒留在喉間，將濕婆的脖子燒成了青色。（故事見 Bhagavata Purana 7，

〔註15〕黃傑華：《漢藏寶鬘——護法天神大黑天（mahākāla）信仰研究》，中央民族大學 2011 年博士學位論文，第 63 頁。

8，以及其他多種往世書和兩大史詩，內容僅繁簡有異）」。〔註16〕在滇中地區
關於大黑天神的傳說中，也有一個大黑天吞服「瘟丹」而拯救人類的故事與
此雷同，在大黑天神的傳說中最爲著名：「相傳大黑天神奉天上的命令，叫他
背了裝著瘟丹的葫蘆到人間來撒毒藥，他感到百姓無罪爲什麼要害死他們
呢？於是他自己把瘟丹吃了。因爲藥力厲害，燒得難熬，他就跳下了海，結
果把海水燒幹了一寸，他的全身也被燒黑了。」〔註17〕這個神話流傳於巍山、
大理、劍川等地，並且有多個版本，但故事情節大體相似，某些細節則各有
特色。不同版本傳說都體現出了一些共同要點：命令大黑天撒播瘟丹的是玉
皇大帝；大黑天的使命是通過撒播瘟丹讓瘟疫橫行人間；大黑天由玉帝的忠
實侍者叛離之而後成爲彝族和白族「土主」或「本主」；之所以稱爲「大黑天
神」，是因吞瘟丹、救人類，毒黑臉和全身之故。

　　濕婆吞毒藥的傳說與大黑天吞瘟丹的傳說，分別在印度和雲南關於濕婆
和大黑天的傳說中都是最著名、流傳最爲廣泛的，情節上也極爲相似：二者
都爲了拯救世界（人類）而不惜性命吞服毒藥；二者都因爲吞毒藥而使身體
的顏色發生改變而形成其典型的外在形象。也正因此，濕婆又被稱爲「青頸
者」，學者多認爲觀音的化身之一「青頸觀音」即是由濕婆形象演變而來。此
外，「黑頸」（Sitikantha）或「福頸」（Srikantha，福頸也可理解爲即是青頸）
也都是濕婆的別名。另外，印度傳說中濕婆吞了毒藥後有眾神相助，阻止毒
液下流的情節，而在有的版本的雲南傳說中，大黑天神吞服瘟丹後，當地的
蛇都來醫救天神，用嘴去吸瘟毒，因而天神身上吸出了許多洞。

　　兩宗神話如此相似絕非巧合，可以推測大黑天吞瘟丹的故事是從濕婆吞
服毒藥的故事演變而來。這種現象的形成，很有可能是婆羅門信仰進入滇中
地區後，濕婆的形象逐漸被淡化，而大黑天形象卻不斷深入人心而形成的。
所以，大黑天作爲白族與彝族的「本主」、「土主」，也很有可能就是濕婆的化
身，故事的主角也由濕婆變爲了大黑天。那麼爲何婆羅門教故事中的毒藥演
變爲雲南傳說中用於散佈瘟疫的「瘟丹」呢？這也可以從婆羅門教大黑天的
形象中找到答案，黃傑華對大黑天的起源有這樣一段介紹：「大黑天神是眾多
魯特羅神的具體形態。魯特羅的外形，據《梨俱吠陀》所說是褐色的，穿著

〔註16〕　萬維鈞：《濕婆和「贊辭之王」》，《南亞研究》2003年第二期，第67頁。
〔註17〕　李一夫：《白族的本主及其神話傳說》，收於《大理白族自治州歷史文物調查
　　　　　資料》，昆明：雲南人民出版社，1958年。

金色服裝，被著辮髮，手持弓箭。一說他有千眼，背部紅色、腹部黑色，頸部青藍色，居於深山，有著雙重的性格，一方面當他忿怒時，就以霹靂弓箭射殺人畜，爲對方帶來疾病、瘟疫和災害……相反，魯特羅又擅長治病，有『治療者』（Jalasa-bhesaja）的稱號，可治人畜病痛；既是殘暴的君主，又是醫術高明的大夫，能賦予健康『兇惡的特性和外貌』，成了日後大黑天的基本特質」。〔註18〕從這段介紹可以看出，大黑天在婆羅門教中具有善惡截然對立的兩種特性，會爲人類帶來疾病、瘟疫、災害，同時又是疾病「治療者」。大黑天在婆羅門教中作爲瘟疫散播者的形象，有可能在雲南本土信仰中就演變爲了玉帝派遣大黑天神撒播瘟丹以懲罰人類，體現出其「惡」的一面；而大黑天神犧牲自己阻止瘟疫，則體現出大黑天在婆羅門教中作爲「治療者」的「善」的本性。另外祛除疾病是民間供奉大黑天神的主要原因，王升撰《大靈廟碑記》就說供奉大黑天：「遇水旱疾病禱之，無不應者」；方國瑜在《新纂雲南通志・宗教考》中對民間大黑天神信仰有這樣的描述：「以血食享祀，民間尤敬畏之，村邑立祠。疾疫禱祝，初謂之大靈廟，後乃目爲土主也」，可見「疾疫禱祝」是民間供奉大黑天神最主要原因之一，這種信仰有可能源自於大黑天在婆羅門教中的「治療者」身份。

值得注意的是，大黑天神吞瘟丹的傳說與佛教並無關係，大黑天神被認爲是「玉皇大帝」的侍者，背叛後成爲了本地土主。這個故事顯然與道教無關，「玉皇大帝」反映的應該是民間信仰中的「天公」、「上天」、「蒼天」、「老天爺」等最原始、最樸素的宗教觀念，只是道教傳入後，「玉皇大帝」這個名詞在民間才深入人心，人們在講述故事時藉以表達原始信仰中「天」的觀念。那麼在被稱爲「妙香佛國」的大理，在深厚的佛教文化薰陶了千餘年之後作爲佛教密宗重要神祇的「大黑天」，關於他的民間傳說爲何與佛教毫無關係，而是與原始的民間信仰緊密結合在一起呢？

筆者認爲，滇中的民間信仰與官方推崇的佛教信仰是並行的兩個體系。民間信仰與官方信仰雖有交匯之處，但雙方都無法征服對方，也沒有完全融合在一起，很多源自於民間或者其他文化的宗教元素，通過民間崇拜、民間祭祀、神話傳說等方式保留了下來，如「老天爺」（玉皇大帝）「白岩天子」、「大樹疙瘩」、「金姑娘娘」等，構成了民間信仰、民俗活動的主體內容，與

〔註18〕黃傑華：《漢藏寶鬘——護法天神大黑天（mahākāla）信仰研究》，中央民族大學 2011 年博士論文，第 34～35 頁。

官方正統的佛教信仰形成鮮明的對比。大黑天神被視爲玉皇大帝反叛者的傳說，說明大黑天神信仰完全屬於民間信仰系統，與之緊密融合在一起，和官方推行的佛教信仰無關。從大黑天信仰傳入的時間來看，南詔初期盛羅皮已經開始推崇大黑天神，將其奉爲龜城土主，而那時佛教信仰才剛剛在雲南興起，說明大黑天形象在佛教興起前就已經作爲獨立的神祇在民間有一定的影響力，而吞瘟丹的故事則證明了「大黑天神」這個民間信仰中的重要人物可能直接來自於婆羅門教。

第四節 大黑天神傳說中的「那伽」形象

雲南有關大黑天神的傳說中，頻繁出現惡龍或惡蟒的形象。傅光宇先生在《大黑天神神話在大理地區的演變》一文中，介紹了五則民間流傳廣泛的大黑天故事，除上述「吞瘟丹」故事外，其餘四則均與龍或蟒有關，介紹如下：

（1）一位義士路過一個村子，得知村民要將一對老夫婦送給惡蟒作貢品，否則惡蟒就要禍害村民，義士便全身塗上毒藥代替老夫婦被惡蟒吞入，惡蟒和義士都被毒藥毒死，義士因中毒而全身變黑，於是人們說這是大黑天神顯靈，將其奉爲本主。

（2）洱海中有一塊大黑石會宣起狂風巨浪，爲禍漁民，只有龍王的「聚沙珠」才能控制這塊石頭。漁民段郎得罪了龍王，龍王就收起「聚沙珠」，任由大黑石爲禍人間，後來在大黑天神幫助下，段郎打敗了龍王，奪得「聚沙珠」，永除禍患。

（3）被貶下凡的母豬龍住在蓮花峰下，禍害上下灣村的村民，後來被本村的本主大黑天神趕跑。

（4）大黑天神與龍王不和，龍王變成蚊子，大黑天神變成蛤蟆，彼此互相鬥法〔註 19〕。

印度傳說中，龍、蛇都屬於「那伽」的形象。蛇王「那伽」（Naga）是一類長身、無足、有一個或多個頭，有時呈現爲半人半蛇形的神祇，在佛教中：「那伽：此譯雲龍或雲象，言其大力故以喻焉也。」〔註 20〕我們從上述傳說

〔註 19〕 傅光宇：《大黑天神神話在大理地區的演變》，《思想戰線》1995 年第二期。

〔註 20〕 （唐）慧琳撰：《一切經音義》卷九，《大正藏》第 54 冊，第 358 頁下。

可看出，這些故事當是受到印度「那伽」形象影響而形成的。雖然婆羅門教和佛教中都有「那伽」，但二者的性情有很大差異。婆羅門教中那伽的性情反覆無常，經常為禍人間，雖也能造福人類，但常常帶有苛刻條件。婆羅門教可追溯到的最早關於那伽的神話載於《梨俱吠陀》，故事中蛇王那伽王弗栗多作惡多端，最終被因陀羅殺死。相比之下，佛教中的「龍」多數情況下是以護法天神形象出現，很少出現龍禍害人間的故事，本生故事中佛陀還曾經投生為龍王，行菩薩行。甚至「龍」還可以用於指稱佛，如：「又《本行集經》稱佛為龍者，謂世間有愛皆遠之，繫縛解脫，諸漏已盡名龍，故云那伽，常在定，無有不定時（梵音那伽，此云龍，非是世間業報龍，蓋取自在變化無礙義）。」〔註21〕

　　在上述四則云南大黑天神故事中，除最後一則的龍王沒有體現出善惡傾向，其餘三則的蟒或龍都要禍害人類，與婆羅門教中的那伽十分吻合，與佛教中的那伽相去甚遠。因此雲南大黑天神鬥龍、鬥蟒的傳說也許是受印度傳說影響，也具有明顯的婆羅門教色彩。除了大黑天神傳說之外，白族民間還流傳著大量與「龍」有關的神話故事，這些故事中的「龍」也具「那伽」的亦善亦惡的特點，這說明白族民間文化與婆羅門教有一定的淵源關係，這個問題將在第十章中深入討論。

〔註21〕　（宋）道誠集：《大正藏》第 54 冊，第 284 頁下。

第九章　大姚白塔研究

　　位於雲南大姚縣的白塔（又稱「磬錘塔」），據傳修造於唐代，其形制獨特，爲國內所罕見，有關專家對其形制的來源眾說不一，有的認爲是禪宗佛塔，有的認爲是藏密佛塔，亦有專家提出白塔實爲婆羅門教之林伽塔而非佛塔。由於婆羅門教在唐代可能曾對雲南產生過廣泛影響，因此白塔爲林伽的說法有可能成立，本章就對大姚白塔與林伽的關係進行深入分析。

第一節　大姚白塔概說

圖片說明：楚雄大姚白塔全貌

　　楚雄彝族自治州大姚縣位於大理市以東，與大理市接壤。大姚白塔屹立於大姚縣城以西一公里的寶筏山（今習慣稱白塔山）文筆峰上，因形似磬錘故又稱「磬錘塔」，文筆峰上原有白塔寺，今已被毀，現在山下建有普照寺。大姚白塔造型獨特，爲國內所獨見，是雲南省第一批重點文物保護單位。

　　白塔高十八點四米，爲空心磚結構，建築表面用石灰塗抹，渾體皆白，故名白塔。塔的基座爲八角形須彌座，高三米，每邊長二點二米；須彌座之上爲爲八角柱，每邊長一點五米，下粗向上逐漸收細，

上砌成十二層塔簷，內空，與上段相通，塔簷以下至地面五點七米。塔簷至頂為十二點七米，塔簷以上部分上圓下銳，呈橢圓錘形，最大直徑六點二米。全塔造成寬闊的基座，纖細的腰部和巍峨的頂部，看起來非常壯觀。一九七五年在修理白塔，發現塔頂有一方洞，邊長四十公分，因此白塔上方原先可能還有別的結構。〔註1〕

　　白塔為磚塔，用印模青磚構築。塔身部分的青磚長 39 釐米，寬 21 釐米，厚 5.6 釐米，質地細膩堅硬，邑人多有取塔磚製硯用於翰墨者，磚正面或印有梵文或印有漢文磚銘，梵文磚上書佛經，目前發現的漢字磚書有「大佛頂」、「八大靈塔咒」、「十方諸佛鎮塔咒」、「十方諸佛靈塔咒」、「資益穀塔咒」、「資益穀法咒」、「阿閦佛滅正極咒」、「緣起法咒」、「光垢淨光咒」、「三世」、「尉遲監造」等字樣，印模磚多被鄉人取回家中供奉，或有時也為文物收藏者所收藏，現存完整塔磚不多。〔註2〕千餘年來，白塔經受住了多數次大地震的考驗。見於志書記載的有明弘治十七年（1504 年）和崇禎九年（1636 年）的地震，塔頂被震裂三尺餘。後世均作過較大的修補。現塔座磚模印為「同治壬申年署大姚縣康重修」字樣，上段保存的塔磚才是原物。原塔磚呈青灰色，質地細膩、堅硬，上有梵、漢文字模印，與後人增補在塔內的磚截然不同。1982 年 11 月，雲南省人民政府撥款 7800 元修葺，已建成白塔公園。〔註3〕

　　關於白塔的建造，較早的文獻中未有記載，清代以後的地方史志皆認為是唐代由番僧所造，清代道光《雲南通志》說「建於唐時，西域番僧所造，尉遲即梵僧名。」道光《大姚縣志》記載「相傳唐天寶年間吐蕃所造。」〔註4〕其具體的修造時間，有天寶年間和南詔晚期兩種說法。《大姚縣志》、《楚雄州志》等文獻均記載白塔建於天寶年間，目前介紹大姚白塔的文章多稱大姚白塔起建於天寶五年（公元 746 年），筆者未能追溯到「天寶五年」這種說法的出處，唯楚雄州佛教專家張方玉的文章《大姚白塔之迷》〔註5〕

〔註1〕參考段玉明：《雲南大姚「白塔」形制試探》，《雲南文物》2007 年第一期。

〔註2〕楊珍：《大姚白塔考說》，《昆明師範學院學報》（哲學社會科學版），1982 年第三期。

〔註3〕釋印嚴：《大姚白塔初探》，2006 年大姚縣政協主編《政協文史》。

〔註4〕轉引自段玉明：《雲南大姚「白塔」形制試探》，第 74 頁。

〔註5〕印嚴法師在《大姚白塔初探》（2006 年大姚縣政協主編《政協文史》）一文中引及此文，但筆者未查詢到原文出處。上海寶華寺官網轉載了一篇同名文章，但未注明作者，內容與印嚴法師在《大姚白塔初探》引述的內容相符，故應

中簡單提及塔磚中有「天寶五年」字樣，文中亦稱該塔起建於天寶五年，或源於此。

　　楊玠在《大姚白塔考說》一文中介紹，他曾拓得一九七五年從白塔頂部取下的寫有「阿閦佛滅正極咒」漢文磚，並有梵文。此磚與阮福在《滇南古金石錄》中收錄的一塊用大理塔磚製拓片相對比，發現兩者的梵、漢文字體完全一樣，如出自一個磚模，該塔磚有可能出自大理宏聖寺塔。另外《大姚縣志》載「白塔磚有字曰唐尉遲敬德監造」，地方文獻中有「尉遲敬德」為益州雙流僧人的記載，並稱尉遲敬德修造了昆明的東西寺塔。楊慎《南詔野史》中載：「豐祐…敬宗乙巳寶曆元年（公元825年）重修雲南東寺塔，高百五十尺，西寺塔高八十尺，……大匠尉遲敬德所造。」道光《大姚縣志》稱「白塔磚有字曰：『唐尉遲了改德監造，與昆明東、西寺塔磚字同。或疑唐尉遲恭，非也。考《曹溪一滴》中，載滇之高僧證祖者，五宗諸師下，有益州雙流尉遲和尚名敬德，蓋其所造也。」〔註6〕因此大姚白塔應與大理宏聖寺塔、昆明東西寺塔的修造時間相仿，為南詔晚期。楊玠認為大姚白塔修造於天寶年間的說法難以成立，因為天寶年間南詔依附吐蕃與唐王朝發生了大規模的戰爭，而姚州（今姚安）一帶又是兩軍爭奪激烈的地方，烽火四起，社會不安定，不具備造寺建塔的社會條件。〔註7〕但南詔晚期的佛塔，如大理的千尋塔、昆明東西寺塔都為典型的多層密簷塔，制式風格與大姚佛塔迥異，這種風格上的差異難以找到合理解釋。況且天寶戰爭始於天寶九年（公元750年），由姚州都督張虔陀侮辱閣羅鳳的妻女而引發，此前唐與南詔的關係處於歷史上最好時期，如果大姚白塔起建於天寶五年，此時南詔統一六詔已有十餘年，國力鼎盛，應當有條件大興土木。因此以天寶年間「烽火四起，社會不安定」為由，否定「天寶年間」一說，似難成立。張方玉先生提及的寫有「天寶五年」的塔磚如果真實存在，那麼無疑也是對「天寶年間修造」一說的有力支持。

　　　該是同一篇文章。網址：http://www.baohuasi.org/gnews/201298/201298262402
　　　.html。
〔註6〕轉引自楊玠：《大姚白塔考說》，《昆明師範學院學報》（哲學社會科學版）1982
　　　年第三期，第72頁。
〔註7〕楊玠：《大姚白塔考說》，《昆明師範學院學報》（哲學社會科學版）1982年第
　　　三期，第71頁。

　　筆者認爲，楊玠先生對「阿閦佛滅正極咒」漢文磚年代以及「尉遲敬德」的考證雖然十分嚴謹，但也並非不能存在這樣的可能：白塔修造於天寶年間，但到了南詔中期又進行過大規模翻修，翻修之時南詔已經開始大力推行佛教，所以塔磚上出現了大量「大佛頂」、「十方諸佛靈塔咒」、「阿眾佛滅極咒」之類的佛教文字，也出現了「尉遲敬德監造」字樣的塔磚。此說也可以解釋爲何白塔塔磚上印有明顯佛教特點的文字。不過，由於藏漢兩地都找不到造型與之相似的佛塔建築，這似乎在提示我們，這座塔有可能並非佛塔，只是後來翻修時佛教已經在南詔盛行，因此留下了佛教的印記。

　　由於大姚白塔的造型在國內獨一無二，故學界對大姚白塔源於哪種教派眾說紛紜，目前有唐密佛塔、藏密佛塔、禪宗無縫塔、婆羅門教林伽塔四種說法。

　　1. 唐密佛塔：張方玉在《大姚白塔之迷》一文中認爲，大姚白塔修造於天寶間，此時漢地佛教已經進入純密時期，佛教密宗在中原大爲盛行。大姚白塔的塔磚銘文中有梵文種子符號（又稱種子字），在密教中以梵字表記佛、菩薩等諸尊，塔磚的種子字有代表是大日如來、寶幢如來、阿閦佛的種子字。且塔磚梵字屬善無畏所書的梵字悉曇體，因此大姚白塔應爲唐密佛塔〔註8〕。

　　2. 藏密佛塔：有的學者認爲大姚白塔是藏密佛塔，楊甫旺認爲：白塔建於南詔後期，此時正是南詔境內密宗盛行之時；白塔塔磚上的梵文，是印度古老的文字，而塔磚的佛經咒語則是密宗真言；據文獻載白塔爲吐蕃僧人所建造；所以白塔應爲藏密佛塔〔註9〕。釋印嚴則認爲吐蕃與南詔關係密切，吐蕃在對雲南的影響達近百年，而白塔的造型特點具有生殖崇拜的寓意，與藏密有相通之處。〔註10〕另外值得一提的是，楊玠與楊甫旺都認爲白塔頂部的方孔原先可能裝有寶刹，與印度古塔相似，屬於典型的藏式喇嘛塔型。

　　3. 禪宗無縫塔：段玉明教授在《雲南大姚白塔形制初探》一文中，提出在歷代禪宗文獻中經常出現「無縫塔」的概念，經過對禪宗文獻零星描述的分析，「無縫塔」應該具備如下特徵：（1）高峨（2）有基座（3）呈圓形（4）

〔註 8〕　釋印嚴：《大姚白塔初探》見 2006 年大姚縣政協主編《政協文史》。
〔註 9〕　楊甫旺：《大姚白塔與生殖文化》，四川文物 1998 年第五期。
〔註10〕　釋印嚴：《大姚白塔初探》，見 2006 年大姚縣政協主編《政協文史》。

無邊無縫（5）無門，這都與大姚白塔的特點吻合，故認爲是禪宗所說的「無縫塔」〔註11〕。

　　4. 婆羅門楞伽塔：李昆聲在《雲南藝術史》上有一段白塔的論證。他認爲白塔是受印度「堵婆」造型的影響下產生的，「堵婆」的特點是方形臺基圓形塔身。但大姚白塔的形制，明顯是經過改造後的塔，即非「堵婆」又非「喇嘛塔」，在筆者看來，這一改造塔形的主導思想，可能與婆羅門教崇拜的「棱伽」有關。〔註12〕這個觀點在溫玉成先生的《〈南詔圖傳〉文字卷考釋》一文中也得到了認可：「我們比較一下在福建省泉州市發現的宋代或宋代以前的印度教石刻中，其置於臺座上的棱伽石，我們便能認識，大姚的『磬錘塔』正是棱伽崇拜之表現」。〔註13〕

　　筆者認爲，由於在藏漢兩地都沒有與大姚白塔造型相似的佛塔，因此白塔爲唐密或藏密佛塔的可能性都很小，而「無縫塔」這一意向雖然存在於禪宗的禪語機鋒之中，但「無縫塔」是否眞實存在卻又是值得懷疑的。

第二節　大姚白塔與佛塔的比較

　　「塔」這種建築形式緣起於古代印度，稱作窣堵坡（stūpa），是佛教高僧的埋骨建築。隨著佛教傳入中國的窣堵坡與中土的重樓結合後，逐步形成了樓閣式塔、密簷式塔、亭閣式塔、覆缽式塔、金剛寶座式塔、寶篋印式塔、五輪塔、多寶塔等形制。

　　唐代佛塔的形制普遍爲亭閣式、密簷式、樓閣式，南詔的佛塔明顯受到漢地影響，多數佛塔與唐塔的形制很接近。亭閣、密簷、樓閣三種形制的佛塔與大姚白塔在外觀上大相徑庭，因此可以排除大姚白塔爲唐密佛塔的可能。大姚白塔上部圓形的膨起部分，與源自與西藏的覆缽式塔的「塔瓶」有相似之處。覆缽式塔的造型與印度窣堵坡的基本相同，覆缽式塔的造型在北魏時期的雲岡石窟中就又出現，早期流入中國西藏，再從西藏流傳至其他地區，並在元代隨著藏傳佛教的興盛，再一次傳入中土，大量在漢民族地區出現〔註14〕。

〔註11〕段玉明：《雲南大姚「白塔」形制試探》，《雲南文物》2007年第一期。
〔註12〕李昆聲：《雲南藝術史》，昆明：雲南教育出版社，2001年。
〔註13〕溫玉成：《〈南詔圖傳〉文字卷考釋》，《世界宗教研究》2001年第一期。
〔註14〕《西藏地區寺院與佛塔》，北京：中國社會科學出版社，2003年，第88～92頁。

　　覆缽塔通常由塔座、塔瓶、塔刹三部分構成（如圖），比較不同時期、不同地區的覆缽式塔，筆者進行歸納後，認爲它們有幾個共同特點（1）塔座較爲寬大，寬度至少與塔瓶寬度相當；（2）塔瓶的高度和寬度尺度相仿，或寬度大於高度；（3）塔刹的高度與塔瓶身高（寬）度相仿或高於塔瓶。

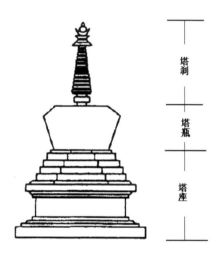

1

2

3

4

5

6

圖片說明：

編號	名稱	地區	時期	圖片來源
1	布達拉宮白塔	西藏	前弘期	《西藏地區寺院與佛塔》
2	蒙古塔	內蒙古		《西藏地區寺院與佛塔》
3	如意塔	西藏		《西藏地區寺院與佛塔》
4	官渡金剛塔	雲南昆明	元	《中國的佛塔》
5	護國法輪寺塔	遼寧	清	《中國的佛塔》
6	北海白塔	北京	清	《中國的佛塔》

　　如果筆者歸納的這幾條規律是覆缽塔的普遍特點，那麼這三條標準對於大姚白塔都不適用：

（1）大姚白塔的八角柱相當於覆缽塔的塔座部分，八角柱的最大寬度約為三點七米，而圓形塔身相當於「塔瓶」，最大寬度為六點二米，明顯小於「塔瓶」寬度。

（2）白塔上方橢圓形部分相最大直徑六點二米，高度十二點七米，高度為寬度的兩倍有餘，不符合覆缽塔塔瓶的特點。

（3）大姚白塔橢圓部分最大直徑六點二米，上方有一孔，可能原先塔的上方有其他結構，但覆缽塔塔剎高度一般不小於塔瓶寬度，這個方孔邊長只有四十釐米，難以想像依靠這樣一個小孔能夠在上方安置一個高度在六米左右的結構。

　　基於上述原因，筆者認為大姚白塔形制源於藏塔的可能性很小。

　　大姚白塔為「無縫塔」的說法也值得商榷，無縫塔僅存在於禪宗語錄之中，而且有人追問「無縫塔」樣式時，禪師們每每避而不答，因此筆者懷疑「無縫塔」只是類似「兔長角、龜長毛」一樣，是禪門的比喻機鋒而已。況且「無縫塔」常在禪宗語錄中被提及，如果這種形制真實存在過，為何禪宗最為興盛的地區卻沒有留下任何無縫塔遺跡？為何其他宗派都沒有無縫塔的說法？為何在禪宗不是特別發達的南詔，卻出現了規模如此巨大的無縫塔？這些問題都難以得到合理解釋，故僅憑藉禪宗部分語錄，難以推定歷史上存在過「無縫塔」這種獨特的佛塔形制，即便存在，從大姚白塔的修造時間來看，佛教在南詔初期的影響並不大，佛塔制式受到禪宗影響的可能性很小。

　　綜上所述，大姚白塔為唐密、藏密或禪宗佛塔的說法都難以成立。另一方面，雖說塔身佛磚上有明顯的佛教印記，但並不排除大姚白塔原先是婆羅門教建築的可能，因為大姚白塔修造的時間有可能是南詔早期天寶年間，南詔中期進行過翻修，翻修之時佛教已經在南詔十分興盛，況且楊玠在《大姚白塔考說》一文中介紹了大姚白塔的磚文與宏聖寺塔磚文同出一個磚模，從這一事實來看，南詔翻修白塔和修造其他佛教建築時都用了統一燒製的磚塊，所以白塔塔身的磚塊之上出現佛教特徵的文字不足為奇。

第三節　大姚白塔與林伽造型的比較

　　如果能夠排除大姚白塔來自佛教的可能，那麼將白塔與印度及東南亞地區的林伽造型相比較，就會發現白塔具有典型的「林伽」特徵。

　　林伽（梵語，liṅgaṃ），在梵語裏是「標誌」的意思，象徵婆羅門教神祇濕婆，是寺廟裏膜拜濕婆的標誌。根據婆羅門教的思想，濕婆具有毀滅世界的能力，亦有創造世界的能力，強大的生殖力代表了濕婆的創造力，因此代表男性生殖器的林伽成爲濕婆神的重要標誌，濕婆派教徒希望通過對林伽的膜拜來獲得濕婆的恩惠、最終達到解脫，濕婆教派中的林伽派還因戴林伽標誌而得名〔註15〕。林伽的造型廣泛出現在婆羅門教盛行的地區，婆羅門教寺院中通常都有供信徒膜拜的林伽雕塑。除了印度以外，婆羅門教在東南亞地區也產生過很大影響，因此在柬埔寨、泰國、越南等國都有林伽雕塑，婆羅門教在唐宋時期還經海路傳播到福建、廣東等地，至今在泉州還遺留有林伽雕塑。

　　筆者收集了數幅修造時間與南詔時期相仿的各地林伽雕塑圖片，對比這些林伽造型，可以看出它們有這樣幾個共同特點：上部爲一個圓頂圓柱體，下部有一八棱柱與之連接。上部圓頂圓柱並沒有統一的形制，有的呈橢圓形，有的略顯方形，有的呈尖形，有的下部略微收窄，有的則在這部分上調有花紋或神像；下部的八棱柱或長或短，甚至有的已經沒有八棱柱，但仍然保留有八棱型的基座，這種林伽下部的八棱造型有著特殊的宗教含義，是林伽雕塑需要具備的要素之一。在「維基百科」的「占城」詞條之下，介紹了一種分層式林伽（Segmented Linga），對林伽各部分的意義進行了介紹，可供參考：分層式林伽指的是從上至下共分有三層的林伽。這三層分別代表了婆羅門教的三位神祇或三相神：最底層成正方形，代表梵天；中間層成八邊形，代表毗濕奴；最頂層爲圓形，代表濕婆。〔註16〕將大姚白塔與這些林伽雕塑進行對比，就會發現其造型具有典型的林伽特徵——下部一個八棱柱支撐著上部的卵形柱體，尤其下部的八棱形構造在佛教的覆缽塔中十分罕見，而在婆羅門林伽造型中十分普遍。因此筆者懷疑大姚白塔很可能是婆羅門教的遺跡。

〔註15〕　姚衛群：《婆羅門教》，第 79～81 頁。

〔註16〕　來自維基百科「占城」詞條 http://zh.wikipedia.org/wiki/%E6%9E%97%E4%BC%BD。

東埔寨吳哥窟 10 世紀林伽石雕　　東埔寨七世紀林伽石雕

阿富汗林伽石雕（九世紀）　　　　泰國八世紀前後林伽石雕

越南美山聖地林伽石雕　　尼泊爾十世紀　　印度林伽石雕
（十世紀）　　　　　　　林伽石雕

　　大姚白塔應該修造於天寶年間，此時佛教在南詔還未興起，從前面幾章的考證來看，南詔王室在這一時期信奉的是婆羅門教，只不過是以毗濕奴信仰為主。但婆羅門教兩大信仰派別之一的濕婆信仰，有可能也傳入了南詔，證據之一是作為濕婆化身的大黑天也在南詔早期傳入雲南，並在民間信仰中產生深刻影響；另一證據是《南詔圖傳·文字卷》描繪梵僧留下了一個「恐乖聖情」「儒釋驚訝」的「石靴」，這可能就是一個林伽石。因此從大姚白塔修造的時間來看，也有可能屬於婆羅門教建築——一個巨型的代表濕婆的林伽塔。總之，從大姚白塔的造型來看，即非漢塔，亦非藏塔，甚至有可能並非佛塔。從其造型看，大姚白塔具有典型的婆羅門教林伽的特點，因此很有可能是婆羅門教在雲南留下的遺跡。如果這一結論成立，那麼婆羅門教對於雲南的影響有可能遠遠超出以往的估計。

第十章　白族龍文化與那迦關係研究

　　白族長期盛行龍文化，但白族傳說中的龍與漢族龍或者佛教龍有著明顯差異，白族龍大多以邪惡的形象出現，這一特徵具有婆羅門教中蛇王「那伽」的特點，這說明白族文化受到過印度文化的深刻薰染，與婆羅門教有一定的淵源關係。

第一節　白族龍文化簡介

　　白族長期盛行龍文化，有著極為豐富的關於龍的神話、傳說、典籍和故事。洱海地區一直就有九十九條龍的說法：蒼山十八溪有十八條龍，洱海中有小黃龍、小白龍和大黑龍，還有龍王、龍母、龍太子和龍公主；大理古城四周有赤鬚龍和九條小金龍，下關溫泉有火龍，此外還有大紅龍、小青龍、獨角龍、玻腳龍、母豬龍等等。凡是有水的地方，如溝、塘、泉、澗、大河、小河和水井中，幾乎都有龍，而且民間還流傳著大量與這些龍相關的神話傳說。1985 年大理市文化局編輯的《龍神話傳說》一書，書中搜集和介紹的龍就多達一百五十餘條，洱沅縣文化局經過搜集和整理的當地龍神話傳說編印成的《姑娘龍》一書，提到的龍也有一百多條。有一個流傳於大理、洱沅的木龍戰勝惡龍的故事，還被中央美術電影製片廠拍成影片《雕龍記》在全國各地放映。可見，雖說中國很多民族都有關於龍的傳說、龍的崇拜，但白族的龍文化如此豐富，在各數民族之中實屬少見。〔註1〕

〔註 1〕 周百里：《白族龍文化古今觀》，《民族藝術研究》1992 年第二期，第 46 頁。

在漢族文化中，龍最主要的意義就是王權的代表，是政治權威的象徵，這種傳統一直可以追溯到商周時期，同時龍也具有神聖、吉祥的意義。佛教傳入中國之後，龍的形象中又雜合了佛教龍的特徵，成為主宰海洋、河流、湖泊等水域的神靈。

龍在白族龍文化中也象徵著王權。《後漢書》卷八十六《西南夷列傳》就記載了西南地區一個龍之子被奉為王的傳說：「哀牢夷者，其先有婦人名沙壹，居於牢山，嘗捕魚於水中，觸沉木若有感，因懷妊，十月，產子男十人。後沉木為龍，出水上。沙壹忽聞龍語曰：『若為我生子，今悉何在？』九子見龍驚走，獨小子不能去，背龍而坐，龍因舐之。其母鳥語，謂背為九，謂坐為隆，因名子為九隆。及後長大，諸兄以九隆能為父所舐而黠，遂共推以為王。」〔註2〕這個故事在後來的白族史志文獻中都有記載，並認為洱海區域世居的十個白族名門望族就是這十子之後，而建立南詔國的蒙氏、建立大理國的段氏都追溯「九隆」為自己的元祖，自稱為「九隆之裔」。在白族文化中，龍也可以興雲致雨，主宰著江河湖海，在洱海沿岸，每年陰曆八月二十三都要舉行「耍海會」，以龍飾舟，船上張燈結綵，以這種形式向掌管洱海的龍王拜祭，以求來年收成豐碩。在白族普遍奉行的本主信仰中，有的村落也將龍王奉為「本主」，如大理太和村本主東海龍王開闢乾坤裔慈聖帝段赤誠、大理寶林村本主白難陀龍王、洱海青索村本主小黃龍、劍川江長渡村本主馬祖龍王等。這些龍王本主是呵護村社的「本主」，能保佑「五穀豐登、慶祥保安、六畜旺長、百姓安樂」。〔註3〕可見白族文化中也將龍視為江河湖海的主宰，有的地方還將其視為守護神，這都與漢族龍文化有著相似之處。

然而白族的龍與漢族龍也有完全不同的一面——在很多白族神話中，龍都以邪惡的面目出現，是產生各種災害的根源。那些守護人類、幫助人類的龍是神話傳說中的少數派，在傳說中，它們能夠為人類所尊重，往往都是因應為這些「善良」的少數派，幫助人類戰勝了自己的同類。例如《大黑龍與小黃龍》是大理地區人們耳熟能詳、流傳頗廣的一則故事，故事梗概是：

> 大黑龍堵住海水不往外流，不時地到處翻騰，掀翻船隻，沖毀田園。於是南詔大衙貼出皇榜招募義士制服大黑龍。住在洱海邊的一個少年揭下皇榜，化作一條小黃龍與大黑龍撕殺。最後小黃龍鑽

〔註2〕 中華書局標點本，第3848頁。
〔註3〕 周百里：《白族龍文化古今觀》，《民族藝術研究》1992年第二期。

進大黑龍肚子裏，用滿是尖刀的身子拼命翻滾，終於戰勝大黑龍，

但他再也無法變回人形，後來成爲本主龍王而爲人們所供奉。

這則傳說有多個不同的版本，而且在不同版本中主人公各不相同，有的是小黃龍、有的是清官、有的是義士、有的是大黑天，而這個故事最早的版本見於《南詔野史》轉引《白古通記》的記載：「唐時洱河有妖蛇，名薄刼，興大水淹城。蒙國王出示：有能滅之者，賞半官庫，子孫世免差徭。部民有段赤城者願滅蛇，縛刃入水，蛇吞之，人與蛇皆死，水患息。王令人剖蛇腹，取赤城骨葬之，建塔其上，毀蛇骨灰塔，名爲靈塔。在今大理府城南龍尾關內點蒼山馬耳峯下羊皮村。每年有蛇黨起風來剝塔灰。時有謠曰：赤城賣硬土。今《龍王廟碑》云：洱河龍王段赤城云。永昌生兩頭牛。」〔註4〕《僰古通紀淺述校注》、《滇略》、《滇志》、《雲南通志》等史志文獻均記載了這個傳說，「段赤城」也成爲有的村落供奉的本主。

大理地區的傳說中，通常都要用戰勝惡龍的故事，來彰顯神話人物神通廣大。如《觀音向龍王借大理壩》的傳說，梗概是：古時大理壩子是汪洋大海，觀音見人們住在山頂上生活十分艱難，便找到洱海龍王請他借出半個壩子，洱海龍王提出苛刻條件爲難觀音，觀音設法達到要求後終於借到了大理壩子〔註5〕；以贊陀崛多爲主人公的白族小說《擲珠記》，贊陀崛多鬥敗惡龍亦是其中重要情節；再如《滇略》卷十中記載唐時僧人楊都師時：「有黑龍常作風浪覆舟，師以白犬吠之，龍怒而出。師視猶蜒蝴，若教誨之，有頃，龍俯而去」〔註6〕；《南詔野史》載南詔王勸豐祐的寵妃師摩「嘗隨祐至羅浮山白城，建一寺，南壁畫一龍，是夜龍動，幾損寺。妃乃畫一柱鎖之，始定」〔註7〕等等，都通過「降龍」來體現主人公本領高強。

董秀團對白族民間流傳的龍神話進行了歸納整理，對 83 則龍神話進行了分類，分成：

（1）善龍，龍幫助人克服困難或爲人民除害。

（2）龍作惡，治惡龍。

（3）人與龍成爲朋友。

〔註4〕（明）楊升庵撰：第 49 頁。

〔註5〕鮑惠新：《龍──白族民間傳說的重要形象》，《昆明師範高等專科學校學報》2000 第二期，第 27 頁。

〔註6〕文淵閣《四庫全書》本。

〔註7〕（明）楊升庵撰：第 56 頁。

（4）人與龍相戀或結爲夫妻。

（5）感應生龍，人變成龍，人死後封爲龍王。

分類過程中，如果一個故事涉及兩個以上類型的內容或情節要素，那麼則根據該故事側重表達或重點講述的內容分類，最後統計結果是：第一類龍幫助人的故事有 15 則，而第二類惡龍爲害的故事多達 30 則，數量遠多於其他類型的故事，其他三類分別是 12 則、13 則、14 則。〔註8〕這一數據形象反映了「龍」在白族文化中的善惡兩面性：即有可能幫助人類、和人類成爲朋友，甚至產生愛情和友情，但多數情況下，龍代表了邪惡、災害，是一切災難的根源。

第二節　婆羅門教的蛇王那迦

印度傳說中，龍、蛇都屬於「那伽」的形象。蛇王「那伽」（Naga）是一類長身、無足、有一個或多個頭、有時呈現爲半人半蛇形的神祇，《智度論》中云：「那伽，秦言龍」，歷代漢譯佛經之中多把「那伽」譯爲龍，佛教本土化後「那伽」就與中國龍的形象混合在一起了。

「那伽」在婆羅門教中有重要地位，其性情反覆無常，經常爲禍人間，雖也能造福人類，但常帶有苛刻的條件。蛇王那伽被視爲有靈性的生物，是泉水、井水和河流的保護神，它們能帶來豐收，但是也會帶來洪水和乾旱等災害。婆羅門教可追溯到的最早關於那伽的神話載於《梨俱吠陀》，故事中蛇王那伽王弗栗多作惡多端，最終被因陀羅殺死。英國學者 Veronica Irons 對印度民間故事中那伽那迦的雙面性有這樣的評述：「那伽是一類蛇……他們是地獄的護衛者，雖然大部分那伽是邪惡的，但其中一部分因爲舔食了落到地上的長生露而得到永生。大部分那伽被認爲是邪惡的，但也有一部分得到尊敬，因爲他們在於天神交往時獲得了美德。」〔註9〕那迦信仰由印度傳播到東南亞之後產生了尤爲廣泛的影響，成爲東南亞民間宗教的重要形象，廣泛出現在建築、文學、繪畫、裝飾藝術等各個方面，例如柬埔寨吳哥窟遺址中就有數量眾多的蛇王雕像，吳哥窟的西面入口就是「那伽蛇王」的石像，沿著堤道

〔註8〕 參考董秀團：《白族民間文學中人與自然關係的解讀》，《民間文學研究》2008年第四期。

〔註9〕 轉引自鄭筱筠：《印度佛典那伽故事與中國龍王龍女故事》，復旦大學1997年博士論文。

築成的護欄上鋪滿了蛇的石雕，在每個廟宇宮殿的屋簷角落上也都用七頭蛇作爲裝飾，東南亞各國重大的節日，例如新年潑水節、入夏節、出夏節都與那伽有關。即便到今日，民間對那伽的信仰也非常普遍，據統計，在柬埔寨、緬甸、泰國、老撾，民眾信奉那伽的比例分別是85%、89.9%、95%、95%，信眾亦廣泛分佈於各個階層、各行各業，上自國王貴族，下至黎民百姓，都十分虔誠信奉那伽。〔註10〕

　　東南亞那伽的形象繼承了婆羅門教中那迦亦善亦惡的特點：一方面，那迦是保護神、水神和土地神，主掌著降雨，也守護著湖海、江河、井泉，要想風調雨順、穀物豐收，就要仰仗那迦的恩賜，因此每到重大節日，民間都要舉行賽龍舟等活動來感謝水神那伽賜予充足的雨水和豐富的魚類，並祈求那伽減少雨量，將河水送回大海，迎接收穫季節的到來。另一方面，那迦對人間的恩賜往往又是有條件的，一旦觸怒了那迦就會惹來災禍。《諸蕃志》「三佛齊」（筆者注：「三佛齊」即今日之蘇門答臘島）條云：「俗稱其王爲龍精，不敢穀食，惟以沙糊食之，否則歲旱而穀貴。」〔註11〕《眞臘風土記》記載了一則柬埔寨傳說：「（眞臘都城吳哥）其內中金塔，國主夜則臥其下，土人皆謂塔中有九頭蛇精，乃一國之土地主也。係女身，每夜則見，國主則先與之同寢……若此精一夜不見，則番王死期至矣。若番王一夜不往，則必獲災禍。」〔註12〕在柬埔寨有一則傳說，耶輪跋摩一世年輕時在森林中斬殺大蛇，身濺蛇血，回去後染上癩疾，所以耶輪跋摩一世也被稱爲「癩王」，並認爲耶輪跋摩殺死大蛇不僅自己得到報應，也禍及吳哥王朝最終滅亡。在泰國傳統的賽龍舟當中，國王的龍舟象徵著那伽，皇后的龍舟象徵著女那伽，如果國王的龍舟輸給皇后的龍舟，那麼在這一年國家將安康，百姓豐衣足食。否則，國家將動盪不安，人們飢寒交迫，面臨劫難。〔註13〕

〔註10〕潘岳、何玉豔：《東南亞那伽信仰特點研究》，《廣西民族大學學報》（哲學社會科學版），2011年第五期。

〔註11〕（宋）趙汝适著，楊博文校釋：北京：中華書局，1996年，第35頁。

〔註12〕（元）周達觀著，夏鼐校注：第64頁。

〔註13〕潘岳、何玉豔：《東南亞那伽信仰特點研究》，《廣西民族大學學報》（哲學社會科學版），2011年第五期。

第三節　白族龍與那迦形象的對比

　　如前所述，「龍」在白族文化中具有非常邪惡的一面，常被視爲災害的根源，這種形象在漢族的龍文化中並不多見，雖說大理地區佛教十分興盛，但龍的邪惡形象顯然也不是來自於佛教。婆羅門教的蛇王那迦即是佛教中「龍」的原型，但二者的性情有很大差異。「那迦」在佛教中很少顯示出邪惡的特點，多數情況下是以護法天神出現，是「天龍八部」之一。佛教中很少出現龍禍害人間的故事，本生故事中佛陀還曾經投生爲龍王，行菩薩行，甚至「龍」還可以用於指稱佛。從下面的故事中，我們從佛教中「龍」的形象進入大理地區之後發生的微妙變化，可以看出龍在大理本土文化與佛教文化中的差異：

　　《僰古通記》記載了這樣一個故事：崇聖寺重新修葺後，僧人楊嵯巔問僧人李賢者：「寺完，中尊佛何佛？」李賢者回答說：「中尊是我」，楊嵯巔即向南詔王告發，建議「賢者狂妄，罪當遠流。」李賢者遂被流放到莽荒之地，死於空崖之中。〔註 14〕《僰古通記》記載民間對這件事情有個說法：禪宗五祖（《僰古通記》爲五祖，但按佛教文獻實爲三祖）商那和修曾將一惡龍驅逐到「統天池」，李賢者的前世即是商那和修，楊嵯巔的前世即是惡龍。關於商那和修尊者降龍一事，禪宗文獻多有記載，如《傳法正宗記》載：「會有二火龍，偕占其地，遂暴作風雨以張其威。尊者乃入慈三昧以降之，因謂龍曰：『佛昔記此。當爲伽藍。汝宜見捨。』龍以佛記故喜捨之。尊者遂以立精舍。」〔註 15〕從這兩個有著淵源關係的故事可以看出，龍在佛教中的形象與在白族文化中的形象截然不同。佛教之中，尊者「降龍」是先以法力制之，然後讓其心悅誠服，與佛結緣，並成爲尊者的大施主。而這個故事流傳到白族地區，就變成尊者只是用法力將惡龍驅逐，龍仍然惡性難改，怨恨在心，這種怨恨延續到後世，成爲了楊嵯巔對李賢者的讒毀。可見龍的邪惡形象，在白族文化觀念中根深蒂固。

　　在漢地文化及佛教文化中，都難以找到「白族龍」邪惡形象的原型，但我們不難發現「白族龍」正是繼承了婆羅門教蛇王那迦亦善亦惡的特點，而深受婆羅門教影響的東南亞地區，其那迦文化更是與白族龍文化有諸多共同特徵：

〔註 14〕　（元）尤中校注：《僰古通紀淺述校注》，雲南人民出版社，1989 年。
〔註 15〕　（宋）契嵩編：《大正藏》第 51 冊，第 721 頁上。

1. 東南亞地區將那迦（龍）奉為保護神、土地神、水神，而「龍王」在白族地區除了有水神的意義之外，也是很多村寨的「本主」，具有保護神和土地神的意義。

2. 東南亞地區每年都要以賽龍舟等形式祭祀那迦以祈求風調雨順，白族地區在重大節日賽龍舟的目的也是拜祭龍王。白族地區的傳說中，龍的形象普遍存在於溝、塘、泉、澗之水井中，與人們的生活密切相關，而蛇王那迦的形象在東南亞地區也是隨處可見。

3. 在兩地的傳說中，「龍」（或那迦）都不像漢族龍那樣，「龍」高高在上或是與人類有著遙遠的距離，在白族或東南亞的傳說中，都有大量人龍之間發生友情、愛情或者人龍之間相互通婚的故事。例如在柬埔寨傳說中，洞里薩湖邊的肥沃土地，便是湖中蛇王那伽的女兒嫁給印度王子時，蛇王送給女兒的嫁妝。〔註16〕而在前面提及董秀團對白族民間傳說的分類統計中，有關人龍戀或人龍通婚的故事就達 13 則之多。

另外，東南亞那迦文化的一個顯著特徵是君王將自己奉為那迦後裔的傳統，那迦被視為王權的象徵，這一傳統顯然來自婆羅門教，柬埔寨出土了一塊公元 658 年的石碑，碑上的銘文記述了扶南建國初期的歷史。碑銘稱：婆羅門混填得到阿斯瓦塔曼賜給他的一杆長矛，他用投擲長矛的辦法來選擇建都地點。之後，他與蛇王之女紹米結婚，當了國王，建立紹翁王朝。〔註17〕在南詔大理歷史上，南詔的蒙氏和大理的段氏都將自己稱為「九隆之裔」，把「九隆傳說」中的龍奉為自己的祖先，雖說漢地亦有將龍奉為王權象徵的傳統，但從《後漢書》有關「九隆傳說」的記載來看，西南地區的這一傳統可能有其獨立起源，並非來自漢地。因此，南詔大理國時期將君王視為「九隆」的後裔，這種傳統有可能受到婆羅門教和漢地文化的共同影響。

通過白族龍文化與東南亞地區那迦文化的比較，可以看出二者有諸多共同的相似點，由此可以推測兩種文化有著共同的淵源——婆羅門教的那迦文化。這也說明婆羅門教文化曾經在雲南民間廣泛傳播，對雲南民間文化有過深刻影響。我們還可以看出，「龍」在白族民間的形象與「漢族龍」、「佛教龍」

〔註16〕何玉豔：《吳哥藝術中蛇王那伽的文化特徵初探》，《大舞臺》2010 年第十期，第 154 頁。

〔註17〕何玉豔：《吳哥藝術中蛇王那伽的文化特徵初探》，《大舞臺》2010 年第十期，第 154 頁。

之間有著顯著差異，「白族龍」獨特的屬性，又大多能在東南亞盛行的「那伽文化」中找到蹤影，因此白族龍文化與東南亞的那伽文化應該有著共同的源頭——婆羅門教的那伽信仰。

　　在白族文化中，龍的形象無處不在，與人們生活息息相關，這一事實說明以婆羅門教爲代表的古印度文化，曾經對雲南民間文化發生過廣泛而深刻的影響。雖說從南詔中晚期開始，南詔、大理兩朝都大力推崇佛教，元代開始雲南重新納入中央版圖，洱海地區又受到漢、蒙、藏、滿等文化的薰染，但大量源自於早期婆羅門信仰的文化元素仍然牢牢紮根於白族民間文化之中。這其中即包括由「那伽」信仰演變而來的白族龍文化，也包括由毗濕奴信仰演變而來的白族觀音信仰，以及直接源自於婆羅門教的大黑天信仰。由此可以推測，在南詔大力推行佛教而廢除由毗濕奴信仰演變而來的西洱河神信仰之前，婆羅門教在洱海、滇池地區的民眾中有非常深刻而廣泛的影響力，以至於南詔王室禁止「西洱河神」之時，還要「移花接木」，把毗濕奴奉爲「建國觀音」，大理段氏立國之初，還要恢復婆羅門祭司的「國師」地位，封以「護國」、「衛國」、「育國」、「佐國」的諡號。筆者認爲，婆羅門教之所以能夠在南詔早期保持巨大影響力，是因爲婆羅門教與印度人的生活方式不可分割，洱海地區作爲印度通往中國的商貿往來的重要中轉站，從東漢時期開始便有印度移民遷徙於此，可以推想到唐代洱海地區應當已經有一定數量的印度移民，印度文化與洱海周邊地區的文化相比較，無疑是發達而先進的，與印度文化融爲一體的婆羅門教自然也就融入了洱海地區的民間文化之中。到了南詔時期，隨著洱海地區與漢地的交往日益頻繁，以漢傳佛教爲代表的漢地宗教文化才逐步滲透到洱海地區，這時婆羅門教才淡出官方信仰，但仍然在民間保持著頑強的生命力。

餘　論

　　婆羅門教是印度的主流宗教，在十三、十四世紀以前，也是東南亞地區影響最大的宗教，在中國與印度、東南亞的商貿、文化交往中，婆羅門教也曾傳入中國，對中國文化產生過一定影響，至今在沿海地區還留有婆羅門教的遺跡。雲南地處婆羅門教文化圈的輻射範圍之內，歷史上雲南是中國與印度、東南亞進行商貿、文化往來的重要通道之一，因此婆羅門教必然會對雲南的宗教文化產生一定影響。本項研究通過對雲南佛教史的重新解讀，參考了大量雲南地方的史志文獻及近年來學者們的研究成果，分析了婆羅門教曾傳入雲南的可能性，大致梳理出了一個婆羅門教在雲南傳播歷史的框架：

　　從《南詔圖傳》及後世文獻的記載分析，早在南詔初期，也即公元八世紀前後，已經有婆羅門僧人在洱海地區頻繁活動，並對南詔王室產生一定影響，《南詔圖傳》描繪的梵僧，也即後世文獻中所稱的「授國觀音」、「建國觀音」，很有可能是婆羅門教徒而非佛教徒。婆羅門教的濕婆信仰、毗濕奴信仰都在南詔初期傳入洱海地區，其中濕婆的化身——大黑天神，有可能在南詔時期被封為軍神、戰神，並在民間成為被廣泛供奉的「本主」，南詔初期修建的大姚白塔亦是標誌著濕婆信仰的林伽塔；南詔王室早期信奉的是由毗濕奴信仰演變而來的「西洱河神」信仰，王室每年都要舉行隆重的祭祀「西洱河神」的活動。到了南詔中期，毗濕奴信仰被佛教僧人「移花接木」，將毗濕奴稱為「阿嵯耶觀音」，成為南詔大理佛教的一部分。

　　婆羅門教傳入之後，本土產生了一批虔誠的婆羅門教徒，後世文獻所稱的「滇密七師」，他們中的大多也可能是婆羅門教徒，其中包括南詔王室成員閣皮。這一時期也形成了世襲傳承婆羅門祭司階層，這些祭司多被奉為「國師」，具有較高的社會地位，而這些婆羅門祭司也成為「阿吒力僧」的前身。

　　南詔勸豐祐時期是婆羅門教由盛轉衰的關鍵時期，從勸豐祐開始，連續三代君王都大力推崇佛教，南詔王室的這一宗教政策可能與當時的政治改革有關，因爲正是這一時期南詔擺脫了對唐的臣屬關係。這一時期南詔王室將佛教奉爲國教，廢除了原先的婆羅門教信仰，也有可能廢除了將婆羅門祭司封爲國師的制度。到了大理國時期，婆羅門祭司的地位一度有所恢復，但佛教仍然佔據統治地位，到了大理國中期，原先的婆羅門信仰逐漸被佛化，婆羅門祭司的祭祀活動也與佛教相融合，因此這些世襲傳承的婆羅門僧被視爲佛教僧人或密教僧人。雖然南詔的婆羅門信仰被官方所廢除，佛教一直是南詔後期及大理國時期的主流宗教，但婆羅門教仍然保留在洱海地區的民間文化之中，其中包括與佛教正統信仰迥異的大黑天神信仰和觀音信仰、大量具有婆羅門教色彩的民間傳說和神話故事、以及明顯受到那迦信仰影響的龍文化等等。

參考文獻

一、古代文獻

1. 司馬遷：《史記》，中華書局標點本。
2. 范曄：《後漢書》，中華書局標點本。
3. 魏徵：《隋書》，中華書局標點本。
4. 劉昫：《舊唐書》，中華書局標點本。
5. 歐陽修：《新唐書》，中華書局標點本。
6. 常璩撰，任乃強校注：《華陽國志校注圖補》，上海古籍出版社，2007 年。
7. 樊綽著，趙呂甫校釋：《雲南志校注》，中國社會科學出版社，1985 年。
8. 周達觀：《眞臘風土記》，中華書局，1981 年。
9. 尤中校注：《僰古通紀淺述校注》，雲南人民出版社，1988 年。
10. 李元陽：《雲南通志》，萬曆四年刻本。
11. 張道宗：《紀古滇說集》，嘉靖刻本。
12. 楊慎：《南詔野史》。
13. 郭松年、李京撰，王叔武校注：《大理行記·雲南志略輯校》，雲南民族出版社，1986 年。
14. 王叔武：《雲南古軼書抄》，雲南人民出版社，1979 年。
15. 釋圓鼎：《滇釋記》，雲南叢書本。
16. 李元陽：《雲南通志》，萬曆四年刻本。
17. 謝肇淛：《滇略》，傳抄明刻本。
18. 楊慎：《滇載記》，古今說海本。
19. 劉文徵撰，古永繼點校：《滇志》，雲南教育出版社，1991 年。

20. 木芹會證：《南詔野史會證》，雲南人民出版社，1990 年。

21. 方國瑜：《雲南史料叢刊》，雲南大學出版社，2001 年。

22. 周鍾岳：《新纂雲南通志》，1949 年排印本。

二、近現代論著

1. 方國瑜：《雲南史料目錄概說》，中華書局，1984 年。

2. 姚衛群：《婆羅門教》，中國社會科學出版社，2011 年。

3. 巴沙姆：《印度文化史》，商務印書館，1997 年。

4. 高楠順次郎、木村泰賢：《印度哲學宗教史》，商務印書館，2001 年。

5. 季羨林、周一良、張芝聯：《永恆之河——印度古典文明》，遼寧大學出版社，1996 年。

6. 霍爾：《東南亞史》，商務印書館，1982 年。

7. 尼古拉斯·塔林：《劍橋東南亞史》，雲南人民出版社，2003 年。

8. 淨海：《南傳佛教史》，宗教文化出版社，2002 年。

9. 杜繼文：《佛教史》，江蘇人民出版社，2009 年。

10. 方國瑜：《新纂雲南通志·宗教考》，1948 年刊印。

11. 侯沖：《雲南阿吒力教經典研究》，中國古籍出版社，2008 年。

12. 侯沖：《白族心史——〈白古通記〉研究》，雲南民族出版社，2002 年。

13. 侯沖：《雲南與巴蜀佛教研究論稿》，宗教文化出版社，2006 年。

14. 張錫祿：《大理白族佛教密宗》，雲南民族出版社，1999 年。

15. 李昆聲：《雲南藝術史》，雲南教育出版社，2001 年。

16. 王海濤：《雲南佛教史》，雲南美術出版社，2001 年。

17. 李東紅：《白族佛教密宗阿吒力教派研究》，雲南民族出版社，1999 年。

18. 《白族社會歷史調查》，雲南民族出版社，2009 年。

19. 阮容春：《佛教南傳之路》，湖南美術出版社，2000 年。

20. 周玲：《雲南地方史》，西南交通大學出版社，2011 年。

21. 鄧啓耀：《五尺道述古》，雲南美術出版社，2009 年。

22. 董建中：《銀蒼玉洱間的神奇信仰——白族本主崇拜》，四川文藝出版社，2003 年。

23. 《中國的佛塔》，中國社會科學出版社，2003 年。

24. 《西藏地區寺院與佛塔》，中國社會科學出版社，2003 年。

25. 林超民：《南詔國與唐代的西南邊疆》，雲南人民出版社，1988 年。

26. 汪寧生：《雲南考古》，雲南人民出版社，1992 年。

27. 藍吉富：《雲南大理佛教論文集》，佛光出版社，1992 年。

28. 顏思久：《雲南宗教概況》，雲南大學出版社，1991 年。

29. 張錫祿：《南詔與白族文化》，華夏出版社，1992 年。

30. 趙櫓：《密宗與白族神話》，中國民間文藝出版社，1983 年。

31.《雲南地方志資料瑣編》，雲南人民出版社，1986 年。

32. 李霖燦：《南詔大理國新資料的綜合研究》，臺灣故宮博物院印，1982 年。

33. 邱宣充：《南詔大理文物》，文物出版社，1992 年。

34.《雲南民族文物調查》，雲南人民出版社，1988 年。

35.《雲南地方志佛教資料瑣編》，雲南民族出版社，1986 年。

36. 大村西崖：《密教發達志》，佛書刊行會，1918 年。

37. 三浦章夫：《密教通史》，豐山派教學部，1940 年。

38. 金剛友秀：《印度與中國的密教思想》，東京大學出版會，1967 年。

39. 佐藤任：《密教之神的文化史考察》，平河出版社，1979 年。

40. 蕭登福：《道教與密宗》，新文豐出版公司，1993 年。

41. 李翎：《藏密觀音造像》，宗教文化出版社，2003 年。

42. 賴富本宏：《密教佛像圖典》，人文書院，1994 年。

43. 賴富本宏：《中國密教研究》，大東出版社，1979 年。

44. 嚴耀中：《漢傳密教》，學林出版社，1999 年。

45. 夏廣興：《密教傳持與唐代社會》，上海人民出版社，2008 年。

46. 呂建福：《中國密教史》，中國社會科學出版社，2011 年。

47. 段玉明：《大理國史》，雲南民族出版社，2003 年。

48.《白族簡史》，雲南人民出版社，1988 年。

49. 鄒啓宇：《雲南佛教藝術》，雲南教育出版社，1991 年。

50. 徐嘉瑞：《大理古代文化史稿》，中華書局，1978 年。

51. 李昆聲：《雲南文物古蹟》，雲南文物出版社，1984 年。

52. 李利安：《觀音信仰的淵源與傳播》，宗教文化出版社，2008 年。

三、近現代論文

1. 段玉明：《雲南大姚「白塔」形制試探》，《雲南文物》2007 年第一期。

2. 李玉珉：《南詔大理大黑天圖象研究》，《故宮學術季刊》第十三卷第二期。

3. 溫玉成：《南詔圖傳》文字卷考釋，《世界宗教研究》2001 年第一期。

4. 侯沖：《阿吒力教綜論》，《雲南宗教研究》1999～2000 年合刊。

5. 董國勝、董沛涓：《大理鳳儀北湯天董氏族譜整理及研究》,《大理文化》
2005 年第六期。

6. 姚衛群：《吠陀奧義書中確立的婆羅門教的基礎觀念》,《南亞研究》2004
年第一期。

7. 邱永輝：《印度教社會中的婆羅門》,《南亞研究》1994 年第四期。

8. 楊必儀：《印度教的特點及其對印度文化的影響》,《青海師專學報》2005
年第五期。

9. 丁雲：《印度教文化對現代印度社會的影響》,《當代世界》2006 年第六
期。

10. 王士錄：《婆羅門教在古代東南亞的傳播》,《東南亞》1988 年第一期。

11. 段立生：《婆羅門教在中國傳播之新證》,《世界宗教文化》2012 年第六期。

12. 許少峰：《南詔與東南亞的關係》,《東南亞研究》1988 年第二期。

13. 黃心川：《印度教在中國的傳播和影響》,《宗教學研究》1996 年的第三
期。

14. 張錫祿：《白族對魚和海螺的原始崇拜初探》,《雲南社會科學》1982 年
第六期。

15. 葛維鈞：《毗濕奴及其一千名號》,《南亞研究》2005 年第一期。

16. 葛維鈞：《毗濕奴及其一千名號（續二）》,《南亞研究》2006 年第一期。

17. 葛維鈞：《濕婆和「贊辭之王」》,《南亞研究》2003 年第二期。

18. 嚴耀中：《唐代的婆羅門僧和婆羅門教》,《史林》2009 年第三期。

19. 嚴耀中：《〈隋書‧經籍志〉中婆羅門典籍與隋以前在中國的婆羅門教》,
《世界宗教研究》2009 年第四期。

20. 劉仲宇：《〈度人經〉與婆羅門思想》,《上海社會科學院學術季刊》1993
年第三期。

21. 吳棠：《白族信仰中的「觀音」形象》,《西南民族學院學報》1990 年第
三期。

22. 周毅敏、張汝梅：《試析大理白族民間「觀音崇拜」》,《大理學院學報》
2003 年第二期。

23. 顧霞：《雲南福星「阿嵯耶觀音」》,《大理文化》2007 年第二期。

24. 李利安：《印度觀音信仰的最初形態》,《世界宗教研究》2006 年第三期。

25. 張永安：《敦煌毗沙門天王圖象及其信仰概述》,《蘭州大學學報》2007
年第六期。

26. 傅光宇：《大黑天神神話在大理地區的演變》,《思想戰線》1995 年第二
期。

27. 王士錄：《婆羅門教在古代東南亞的傳播》,《東南亞》1988 年第一期。

28. 胡公元：《試論印度文化對柬埔寨文化的影響》，《河南教育學院學報》1998年第二期。

29. 羅桂友：《柬埔寨宗教的演變》，《印度支那》1987年第四期。

30. 孔遠志：《印度教在印度尼西亞》，《東南亞研究》1991年第一期。

31. 姜永仁：《婆羅門教——印度教在緬甸的傳播與發展》，《東南亞》2006年第二期。

32. 古正美：《東南亞的「天王傳統」與後趙時代的「天王傳統」》，《佛學研究》1998年。

33. 蘇梯翁・蓬沙拜布拉、楊光遠：《泰國的婆羅門教和佛教》，《雲南民族學院學報》1989年第四期。

34. 吳聖楊：《婆羅門教信仰與泰人的禮法文化》，《太平洋文化》2007年第八期。

35. 旭申：《老撾的婆羅門教》，《印度支那》1989年第三期。

36. 牛鴻斌：《中國雲南與印度經濟關係的歷史》，《東南亞南亞研究》2009年第二期。

37. 陳保亞：《論滇僰古道的形成及其文化傳播地位茶馬古道早期形態研究》，《思想戰線》2006年第二期。

38. 黃光成：《西南絲綢之路是一個多元立體的交通網絡》，《中國邊疆史地研究》2002年第四期。

39. 楊玠：《大姚白塔考說》，《昆明師範學院學報》（哲學社會科學版）1982年第三期。

40. 楊甫旺：《大姚白塔與生殖文化》，《四川文物》1998年第五期。

41. 董秀團：《白族民間文學中人與自然關係的解讀》，《民間文學研究》2008年第四期。

42. 潘岳、何玉艷：《東南亞那伽信仰特點研究》，《廣西民族大學學報》（哲學社會科學版）2011年第五期。

致　謝

　　這本書能夠順利完成，首先要感謝導師段玉明教授的指導，段老師是一位學識淵博的學者。宗教所的蓋建民所長在我在此讀書和論文撰寫過程中，也給予我很多幫助，是很值得感恩的人。除了導師和領導外，其他段門同學在我的三年求學生涯中，同樣幫過很多，對這些親切的同學，也要致以深深的謝意！

羅玉文

二〇一八年五月於溫哥華